天津市教育科学规划重大课题"新时代天津市中小学体育教育评价改革研究"（编号：ALE210003）

体育课程教学学生学习评价

张　欣　等编著

北京体育大学出版社

策划编辑：王英峰
责任编辑：王英峰
责任校对：左　颖
版式设计：久书鑫

图书在版编目（CIP）数据

体育课程教学学生学习评价 / 张欣等编著. -- 北京：
北京体育大学出版社，2024.3
　　ISBN 978-7-5644-3816-6

　　Ⅰ．①体… Ⅱ．①张… Ⅲ．①体育教学－教学研究
Ⅳ．①G807.01

　　中国国家版本馆 CIP 数据核字(2024)第 058952 号

体育课程教学学生学习评价　　　　　　　　　　张　欣　等 编著
TIYU KECHENG JIAOXUE XUESHENG XUEXI PINGJIA

出版发行：北京体育大学出版社
地　　址：北京市海淀区农大南路 1 号院 2 号楼 2 层办公 B-212
邮　　编：100084
网　　址：http://cbs.bsu.edu.cn
发 行 部：010-62989320
邮 购 部：北京体育大学出版社读者服务部 010-62989432
印　　刷：唐山玺诚印务有限公司
开　　本：710mm×1000mm　　　1/16
成品尺寸：170mm×240mm
印　　张：12.5
字　　数：161 千字
版　　次：2024 年 3 月第 1 版
印　　次：2024 年 3 月第 1 次印刷
定　　价：98.00 元

前　言

　　遵循教育规律，系统推进教育评价改革，发展素质教育，是新时代学校体育工作的发展方向。体育课程是学校体育工作的主体内容，应根据深化教学改革的需要，完善体育课程教学评价，这是落实加强学校体育教育的重点任务之一。

　　随着体育课程教学改革中新教育理念的推广，学生学习评价在体育课程教学效果评价中占据越来越重要的地位，是评价学校体育工作的重要方面之一，直接关系到体育课程教学过程中理念的更新、目标的设计、教师和学生的参与、教学方法手段的利用和教学内容的选择等诸多理论与实践过程。

　　强调学生"学"的体育课程学习评价、体育综合素质评价和体育学业评价是体育课程教学评价的重要内容，其评价水平直接关系到体育课程的建设和发展。本书从学生体育课程学习评价、体育综合素质评价和体育学业评价的角度探讨体育课程教学学生学习评价的理论与实践问题，这对于教育科学、体育科学、管理学、社会学等学科研究都是一种有益的尝试。在深化新时代教育评价改革的关键时期，我们应关注体育课程教学评价问题，加强学生学习效果评价，扩大学生体育课程学习评价的覆盖面，优化体育课程发展。

　　本书通过对体育课程教学学生学习评价进行研究，以期引起广大体育教师对体育课程教学效果评价的重视，提高体育教师的体育教育理论素养；使体育教师掌握学生体育课程学习评价、体育综合素质评价和体育学业评价的基本理论，理解和分析评价原理；使体育教师了解当今世界一些国家体育课程教学的改革理论、实践成果和发展趋势；使体育教师能够描述和比较一系列体育课程教学学生学习评价的主要观点，为更好地从事体育课程教学工作奠定教育理论基础。

基于这样的选题立意，本书内容主要通过以下五个步骤来呈现：第一步，回顾国内外体育课程教学评价的研究现状及发展趋势，这是本研究课题的现实性基础。第二步，对相关概念、体育课程教学评价的特征、体育课程教学评价的作用与意义、体育课程教学评价的原则、体育课程教学评价的内容、体育课程教学评价的方法等相关内容进行梳理和再认识，将其作为逻辑起点，奠定研究基础。第三步，在回顾国内外体育课程教学评价的研究现状及发展趋势的基础上，对中美义务教育阶段学生体育课程学习评价进行比较研究，主要描述并揭示基于国际视野的体育课程教学学生学习评价的现状，作为创新的可实现基础。第四步，在国内外研究现状、比较研究与理论认识的基础上，实施小学生足球课程学习综合评价指标体系研究、初中毕业生升学体育考试研究，将其作为学生体育课程学习评价、体育综合素质评价和体育学业评价实证研究的成果。第五步，在研究设计的主体内容完成之后，在理论和实证研究较为成熟的基础上，围绕热点问题与中国学校体育特色，深化对体育课程教学学生学习评价的思考。

本书研究思路是根据国内外学生体育课程学习评价、体育综合素质评价和体育学业评价的研究成果和实践经验，在充分考虑体育课程教学评价的特点后，对相关信息进行挖掘、收集、整理并对相关理论进行归纳。由于体育课程教学评价本身具有多样性，且相关理论庞杂，只有将相关学科结合才能有效地进行深入研究。在体育课程教学评价中，对学生的评价需要从以人为本的角度出发，在全面性、科学性、质与量相结合原则的指导下，结合教育学、管理学、社会学、心理学、计算机科学等学科开展。所以，本研究的一些理论和实践分析主要是在相关理论分析和实践总结的基础上进行的。

另外，随着现代教育的发展和教学理念的不断更新，体育与健康课程理论研究和实践成果经常处于变化的状态，因此，在今后的研究中，应不断更新理论知识，为进一步的研究提供依据、思路和空间。

由于方法的局限性，分析只能基于体育课程教学评价理论与实践进行，以发现一些切实存在的、富有价值的内容。今后也可以就某些比较成熟的方面进行更深入的研究，尽管这需要做更复杂的工作。此外，笔者今后将在相关方面进行更多的信息收集、整理和加工等工作，以对某些比较成熟的方面进行扩展研究，扩展研究中的很多问题可作为独立的研究去开展。笔者将立足已有的研究成果，不断尝试创新并发现新的研究课题，扩展研究领域，进而推动学校体育创新体系建设。结合体育课程教学改革，体育课程教学评价改革对学生的运动兴趣、体育锻炼习惯、核心素养的培养与评价的作用等是今后研究的重点，也是未来一段时间内我国体育课程教学评价研究领域具有代表性、前沿性的研究主题。学科之间相互交叉、相互渗透，这种广泛的跨学科综合发展趋势也是未来研究的突破口。

本书由张欣、王慧琳进行了内容设计、架构、编写和统稿，几位硕士研究生进行了部分专题研究，主要有宋彬彬（第三章）、胡帆帆（第四章）、傅作宇（第五章第三节）。

由于水平和能力所限，书中对体育课程教学学生学习评价及相关专题研究的阐释分析难免有不当和不足之处，在此至诚请教学习。

作者

2023 年 8 月 20 日

目　录

第一章

研究背景：体育课程教学评价
研究问题的提出

第一节　体育课程教学评价研究的依据

一、评价是提高体育课程教学质量的关键

体育作为提高学生身体健康水平的主要途径，已经引起了国家和社会的高度关注。为此，2011 年制定的《义务教育体育与健康课程标准：2011 年版》对体育课程学习评价提出了更高的要求，同时强调要突出学生的主体地位，强调评价内容、方法，主体多样化的综合评价模式，不仅要促进学校体育课程的合理发展，还要及时了解学生体育课程的学习情况，这样有助于提高学生体质素质、培养学生的终身体育意识[①]。2016 年 4 月《国务院办公厅关于强化学校体育促进学生身心健康全面发展的意见》，2020 年 8 月《体育总局 教育部关于印发深化体教融合 促进青少年健康发展意见的通知》和2020 年 10 月中共中央办公厅、国务院办公厅《关于全面加强和改进新时代学校体育工作的意见》都强调要加强学校体育教育，坚

---

① 中华人民共和国教育部. 义务教育体育与健康课程标准：2011 年版[M]. 北京：北京师范大学出版社，2012.

持"健康第一"的教育理念，推动青少年文化学习和体育锻炼协调发展。

加强学校体育教育是实施素质教育、促进学生全面发展的关键，对于提高国民身体素质，实现中华民族伟大复兴的中国梦具有重要意义。

《国务院办公厅关于强化学校体育促进学生身心健康全面发展的意见》第二条"深化教学改革，强化体育课和课外锻炼"列举了如下内容：

（四）完善体育课程。以培养学生兴趣、养成锻炼习惯、掌握运动技能、增强学生体质为主线，完善国家体育与健康课程标准，建立大中小学体育课程衔接体系。

（五）提高教学水平。体育教学要加强健康知识教育，注重运动技能学习，科学安排运动负荷，重视实践练习。

（六）强化课外锻炼。健全学生体育锻炼制度，学校要将学生在校内开展的课外体育活动纳入教学计划，列入作息时间安排，与体育课教学内容相衔接，切实保证学生每天一小时校园体育活动落到实处。

二、评价是体育课程建设导向性作用发挥的途径

体育课程是学校体育的主体部分，体育课程学习评价、体育综合素质评价和体育学业评价是体育课程教学评价的主要方面。评价具有鉴定与选拔、检查与监控、反馈与交流、导向与激励等多种功能[①]。因此，体育课程学习评价在体育课程建设中具有非常重要的作用，它是对学生在学习过程中的表现和学习成果进行价值评判的过程。通过评价，学生可以找出自己在学习过程中存在的不足，及时

---

① 李卫东. 中小学体育学习评价改革的"钟摆现象"分析[J]. 体育学刊，2014，21（2）：99–103.

发现和纠正问题，调整学习心态，运用合适的学习方法来达到学习目标。同时，通过评价，教师可以了解自己应用的教学策略是否能够有效地完成教学任务并达到预期目标。体育课程学习评价、体育综合素质评价和体育学业评价对于体育课程教学活动的实施、教学质量的提高、教学目标的顺利实现都起着非常重要的作用。

中小学阶段是青少年身心快速发展的阶段，在体育课程教学活动中，教师通过对学生的出勤情况、课堂上的表现、健康运动知识的掌握情况、运动技能水平、参与活动的态度等方面的评价，可以了解学生对体育活动的喜爱程度、掌握程度和认知程度。教师根据体育课程学习评价、体育综合素质评价和体育学业评价的结果，结合国家相关政策对学生体质健康的要求，对学生进行创造性的教育，可以激发学生学习体育课程的兴趣，使学生养成主动锻炼的习惯。因此，体育课程学习评价、体育综合素质评价和体育学业评价无论是在理论层面，还是在实践层面，都对体育课程教学有导向与激励等多种作用。评价不仅可以促进学生健康水平的提高，还能提高体育课程教学的质量。

三、评价是国家教育方针政策有效落实的手段

在体育教育过程中，教师要重点培养学生的体育价值观与行为，激发学生学习体育的兴趣，帮助学生形成健康的生活方式，养成良好的体育运动习惯。

随着体育教育规模的不断发展壮大，人们对体育课程教学质量的要求越来越高，评价在教学过程中发挥的作用也越来越大，已成为教育教学活动必不可少的一部分。

客观、合理的体育课程学习评价、体育综合素质评价和体育学业评价贯穿体育课程教学过程，不仅能有效地评价体育课程的教学质量，而且在体育课程改革的过程中发挥着不可替代的作用，是评

价体育课程教学工作是否达到预期目标的重要手段，也是设立和调整体育课程教学目标的重要依据，从整体上监控着体育课程教学工作的各个环节。在科学与技术不断发展的今天，随着人们对青少年体质健康重要性认识程度的不断提高，各级教育部门对体育课程教学质量的要求越来越高，因此，对体育课程教学进行评价是落实《深化新时代教育评价改革总体方案》精神的重要内容。

21世纪，世界各国的政治、经济、社会、文化等都在急剧变化。近几年，关于中外体育课程比较的研究日益丰富，许多学者从体育课程标准、体育课程设置、体育课程教学目标等不同方面对美、英、日等国家的体育课程教学进行了比较研究。

体育课程学习评价、体育综合素质评价和体育学业评价是课程教学活动的重要因素，既是课程的核心，又是教学的核心。一个国家的体育课程教学目标受国情、青少年身心发展特点的影响，能否从实际出发，建立科学、合理的体育课程教学评价体系关乎体育课程教学的方向和效果。所以，相关研究在体育教育深入改革的过程中是极为关键的。

四、评价是国内外学校体育改革研究的关注点

从世界范围来看，青少年健康备受关注。很多国家制订了国家体育活动计划[①]，以解决当今面临的青少年健康水平下降的问题。

在过去的20年中，关于中外体育教育的研究十分活跃，许多学者分别从主导思想、课程与教学内容、方法和评价等不同方面进行了比较研究。在体育课程教学改革的过程中，体育课程教学评价也是学者研究的热点。

---

① BORNSTEIN D B，PATE R R，PRATT M. A review of the national physical activity plans of six countries[J]. Journal of physical activity and health, 2009（6）：245–264.

例如，美国是体育教育较为发达的国家，也是通过学校体育政策干预青少年体育活动参与起步较早的国家。《行动起来之积极学校》是《美国国家体育活动计划》[①]的一部分，其最终目的是促使学校发挥对青少年进行体育教育的功能，提高青少年参与体育活动的质量。青少年体育活动促进评价体系建设是《行动起来之积极学校》的重点之一，它直接关系到体育课程教学评价中理念的更新、目标的设立、主体的参与、方法手段的利用和内容的选择等诸多因素。此评价体系在学校体育工作的评价中也占据重要地位，它强调在完整实施过程中的评价，而且评价的内容要与以鼓励综合参与为导向的激励机制相联系。

我国的体育课程教学评价体现了对"增强学生体质"的重视。有研究者强调，在体育课程教学中，不仅要关注学生的学习成绩，还要重视、发掘和发展学生各个方面的潜能，解决体育课程学习目标、评价内容和评价方式单一等问题[②]。

体育课程教学评价研究是一种新的尝试，原因主要有两方面：第一，体育课程的地位不断上升，体育课程教学评价作为体育课程的一个重要因素也面临着新的挑战；第二，在总结自身教育改革方面的经验时离不开借鉴国外教育改革的经验。因此，中外体育课程教学评价研究是体育课程评价实践的基础。

---

① PATE R R. A national physical activity plan for the United States[J]. Journal of physical activity and health，2009（6）：157–158.

② 谢福萍. 中学体育与健康课程学习评价探析[J]. 体育文化导刊，2009（7）：110–112.

第二节 国内外体育课程教学评价研究的现状与发展趋势

一、我国体育课程教学评价研究概述

为了更直观地把握我国体育课程教学评价研究的发展脉络及演进历程，明确我国体育课程教学评价研究领域的热点和前沿，我们以CNKI（中国知网）文献数据库所收录的1992年—2022年的文献作为研究样本，从整体性的角度对我国体育课程教学评价研究进行了梳理总结。

（一）我国体育课程教学评价研究成果的时间数量分析

主题词是在标引和检索中用于表达文献主题的人工语言，具有概念化和规范化的特征。主题词可以帮助研究者迅速找到文章的关键性词语。一般情况下，主题词可以概括文章的主旨。以主题词"体育课程教学"合并"评价"为例，共搜索到5389条结果。

1992年—2019年，我国体育课程教学评价研究年发文量（除2016年和2018年外）总体呈上升趋势，在2020年达到了顶峰，为363篇，这也说明近年来我国体育课程教学评价研究由于受国家体育教育改革政策的影响而处于不断探索发展期。

（二）我国体育课程教学评价研究的研究主题分析

为考察我国体育课程教学评价研究的研究主题，本研究对排在前几位的研究主题进行了统计。以"体育课程"为研究主题的文献共计522篇，以"体育教学"为研究主题的文献共计541篇。另外，主题分布还包括"教学改革""体育课程教学""高等教育""高职院校""体育教育专业"，以及"体育与健康课程"等，这说明体育课程教学评价研究覆盖了"体育课程"和"体育教学"领域，我国在体育课程政策层面的支持与各基层研究力量的行动密不可分。

与我国体育课程教学评价研究领域相关的主题词还有"体育与健康课程""体育课程改革""课程标准"等，这说明体育课程教学评价与我国体育课程改革之间的关系十分密切，体育科研工作者应从这些视角来展开研究。

（三）我国体育课程教学评价研究的热点及演进分析

明确我国体育课程教学评价的研究热点有助于我们把握研究动向。从某种程度上来说，大多数科研工作者共同关注的某一个或者多个问题具有明显的时间特征，为其他科研工作者提供了一定的理论参考。

一般情况下，主题词是对整体研究主题的高度概括。因此，对主题词进行共现分析可以帮助我们了解我国体育课程教学评价研究的热点。

通过对 200 篇与研究内容直接相关的文献进行主题词共现网络知识图谱分析，运用 Cite Space 可视化软件，将要分析的节点类型设置为主题词，时间跨度设置为 1975 年—2019 年，出现的主题词为"学生体育学习""学习过程""学习效果""课程教学评价""体育课程评价""体育教学评价"等，形成了几大研究范畴。说明它们是我国体育课程教学评价研究领域最为集中、也最为重要的研究内容。

总体来看，随着体育课程教学评价研究的逐渐深入与发展，除了"学生体育学习""学习过程""学习效果""课程教学评价""体育课程评价""体育教学评价"，"体育教学""教学质量""教学效果"

也占据着重要地位，这说明体育课程教学评价作为提高教学质量和教学效果的主要手段受到了很多体育科研工作者的重视。与之相关的主题词还有"评价方法""评价指标""评价指标体系"等，这说明目前体育科研工作大多是从这些视角来展开研究的，研究热点整体的发展变化轨迹具有多样性、多向性的特征。

二、国外体育课程学习评价研究概述

通过 ProQuest、EBSCO 等数据库，以"physical program""assessment"或"evaluation"为主题词，我们共收集了 75 篇关于美国义务教育阶段体育课程学习评价的文献（2013—2018 年）。通过对体育课程学习评价的理念、目的、内容、方法、主体和标准六个方面的资料进行整理和分析，我们发现，现阶段美国学者提出的各种评价模式从某些方面指引、调控着教学评价的实施及改进。

（一）教育评价与课程评价

起源于美国的教育评价已经被很多学者接受和认可，对世界各国的教育评价产生了深远的影响。一些学者、专家在教育评价的研究过程中不断积累经验，提出了很多见解，概括起来大概有 3 种类型：侧重于信息、倾向于方法、着眼于效果。侧重于信息强调通过评价收集资料，进而分析资料、整理信息，为教育决策者提供多种服务；倾向于方法强调通过评价了解学生的学习情况，把教育评价看成一种工具、一种方法，是考查学生成绩的有效途径；着眼于效果强调通过评价判断教学目标或教学计划的完成情况是否达到了国家对学生的教育要求[①]。

不同研究对课程评价含义的理解程度各不相同，但存在一个共

---

① 乌云格日勒. 体育教学评价的历史回顾与展望[J]. 内蒙古师范大学学报（教育科学版），2004，17（11）：117–120.

性：课程评价在总体上是一个动态的过程，是一个不断发展的价值判断的过程。教育评价发挥着不同寻常的作用，课程评价在教育评价中扮演着极其重要的角色。

（二）体育课程学习评价的理念

体育课程学习评价的理念决定了教师对学生学习评价的认识，决定了学生学习评价的出发点是体育课程学习评价的核心所在。体育课程学习评价的理念为体育课程教学指明了方向，同时对教师提出了明确的要求。

巴赫斯特（Baghurst）认为体育课程的目标不是培养优秀的运动员，而是培养一个忙碌、快乐、善良的学生，鼓励学生积极参与体育活动，激发学生对学习体育课程的兴趣，最终使学生养成自主学习和自主锻炼的习惯[①]。

豪泽（Houser）等人提出美国体育课程学习评价应以学生的发展为出发点和归宿，考虑绝大多数学生的现状、心理和发展，并强调评价应该对学生产生激励和促进作用，帮助学生学会学习、认知、判断和调整，让更多学生看到自己的成绩和进步[②]。

李润秀等人认为体育课程的学习能帮助学生在身体、心理和社会适应方面实现健康、和谐的发展，促进学生全面发展。体育课程不仅能让学生学习技能，还能促进健康，所以美国新泽西州、伊利诺伊州、纽约州等地在体育课程学习评价方面要求重视 K-12 所有年级的学生的运动技能和终身体育理念的培养[③]。重视培养学生的

---

① BAGHURST T. Assessment of effort and participation in physical education[J]. The physical educator，2014，71（3）：500-508.

② HOUSER C，CAHILL A，LEMMONS K. Assessment of student and faculty mentor perceptions of an international undergraduate research program in physical geography[J]. Journal of geography in higher education, 2014，38（4）：582-594.

③ LEE Y S，JANG Y，KANG M. Validity and responsiveness of concept map assessment scores in physical education[J]. The physical educator, 2015，72（2）：206-223.

运动技能和终身体育理念在美国体育课程学习评价中占据着重要地位。

研究表明，美国重视体育课程学习评价，以培养学生的运动技能和终身体育理念、培养学生自主学习和自主锻炼的习惯，以及促进学生的发展为出发点和归宿，让学生学会学习。由此可见，美国体育课程学习评价从学生的实际出发并贯彻终身体育理念。

（三）体育课程学习评价的目的

体育课程学习评价的目的规定了对其进行研究的方向。研究者普遍认为，体育课程学习可以使学生形成积极的态度，有利于社会的发展，且学习体育课程的时间越长，学生获得的益处越多。根据体育课程学习评价的结果，体育教师和家长都可以看到学生学习体育课程后的表现，从而提高他们对于体育课程学习评价重要性的认识。

韦斯（Weiss）等人认为，体育课程学习评价的主要目的是激励学生学习体育课程，并指出体育课程学习是学生获得社会、心理、身体能力和运动技能的有效途径。开设体育课程不仅可以教授学生运动技能，还对其性格的发展、适应能力的提高有帮助，使学生克服不自信、胆怯等负面情绪，从而使学生更全面地发展[①]。由此可见，教师在体育课程中适当激励学生可以提高学习效果。

马伦德（Mullender）等人指出，体育课程学习评价是体育课程的重要组成部分。美国加利福尼亚州学生体育课程学习评价的目的是促进学生发展，让学生更加清晰地认识到哪些知识是重要的，哪些能力是需要拥有的，通过评价的反馈帮助学生制订下一

---

① WEISS M R，BOLTER N D，KIPP L E. Assessing impact of physical activity- based youth development programs：validation of the life skills transfer survey（LSTS)[J]. Research quarterly for exercise and sport，2014，85（3）：263–278.

步计划①。

以上学者均认为美国体育课程学习评价的主要目的是促进学生发展、让教师和学生及时了解学习体育课程后的积极变化。这在一定程度上表明美国体育课程学习评价的目的是比较明确的。

（四）体育课程学习评价的内容

体育课程学习评价的内容能真实反映学生体育素质和体育技能的学习情况，并且有助于激发学生参与体育课程学习的热情，提高学生的运动技能。

有研究者指出，美国中小学体育课程学习评价的内容以体操和舞蹈为主，其中高中以健身为主，并主要从体能、运动健康知识、情感、动作、技能5个方面进行评价。体育教师认为，学生应该参加课外体育活动，教师应努力帮助学生获得参加课外体育活动的机会，并将课外体育活动作为体育课程学习评价的内容之一②。

根据曾亮等人的阐述，美国体育课程学习评价的内容不断变化。体育课程学习评价的内容应体现学生的全面发展，不仅要注重学生体能和运动技能的评价，还要注重学生课外体育活动参与度、社会责任感的评价。如果评价内容局限于体能和运动技能，其他评价目的则不会在评价内容中体现出来，最终导致培养全面发展的人的教育目标大打折扣③。由此可见，对课外体育活动参与的评价在美国中小学生体育课程学习评价中起着重要作用，课内和课外体育活动评

---

① MULLENDER-WIJNSMA M J, HARTMAN E, DE GREEFF J W, et al. Improving academic performance of school-age children by physical activity in the classroom：1-year program evaluation[J]. Journal of school health，2015，85（6）：365–371.

② KANTERS M A, BOCARRO J N, FILARDO M, et al. Shared use of school facilities with community organizations and after school physical activity program participation：a cost-benefit assessment[J]. Journal of school health, 2014，84（5）：302–309.

③ ZENG L, CUNNINGHAM M A, TIDROW S C, et al. Physical science day：design，implementation，and assessment[J]. Education, 2016，137（1）：64–76.

价相结合能使体育教师更清楚地了解学生体育课程的学习情况，最终实现学生的全面发展。

张建华等人的研究表明，美国学校的评价体系比较系统、全面、具体。另外，在学生体育课程的考核评价中，美国的学校关注评价指标操作起来是否简单易行，是否科学有效，并研发了科学、系统的评价工具及客观的操作方法，即通过模拟真实的环境考查学生对体育知识的掌握情况及灵活运用能力[①]。

综上所述，美国体育课程学习评价的内容主要包括体能、运动健康知识、情感、动作与技能 5 个维度。美国体育课程学习评价除了注重课内的评价，还注重课外体育活动的评价，且评价的内容比较全面，为本领域的研究提供了相应的理论素材。

黄晓灵的研究表明，在英国，对学生体育课程学习评价的内容包括学生运动技能的掌握情况，技术和战术的分析、掌握、运用情况，以及组内成员的互评等 8 个等级指标[②]。

美国体育课程学习评价的内容包括多种能力。值得一提的是，健康测验主要涉及与身体健康相关的体适能，而不是与提高竞技成绩相关的体适能。日本主要从关心、态度，思考、判断，技能、表现，知识、理解这几个方面进行评价，非常重视评价标准的个性化，尊重个体差异，因材施教，对每一个学生负责。英国主要根据运动技能、技术和战术、组内成员互评等指标评价学生体育课程的学习情况。

综上所述，国外体育课程学习评价重视培养学生的创新精神和实践能力，同时注重各方面能力的综合评估。评价内容涵盖了体育

① 张建华，高嵘，毛振明. 当代美国体育课程改革及对我国的启示[J]. 体育科学，2004，24（1）：50–52.

② 黄晓灵. 二战后英国体育课程改革的历程及特征[J]. 外国教育研究，2009，36（4）：31-33.

课程中的基本知识、基本技能、学习态度、情意表现和合作精神等，以促进学生的全面发展。

（五）体育课程学习评价的标准

体育课程学习评价的标准反映了一个国家对体育课程学习评价的基本规范和质量要求，同时在一定程度上体现了体育课程学习评价的目的。因此，可以说体育课程学习评价的标准是一个国家体育课程学习评价理念、目的与具体实施的中间环节。

在教学中，日本体育课程学习评价非常重视评价标准的个性化，重视个体差异，同时不放弃每一个学生，对每一个学生负责，尽量避免身体素质较差的学生因无论自己怎么努力都达不到优秀这一标准而灰心丧气，进而对体育课失去兴趣的情况。日本每年都进行学生运动能力测试，学生根据测试结果进行自我评价，进而判断自己的体能发展情况，确定今后努力的方向。然而，学生运动能力测试成绩不作为体育课成绩的依据，只是让学生了解自己的身体情况，进而树立锻炼身体的信念[①]。

卡梅伦（Cameron）等人认为，体育活动可以将智慧和协作有效地融为一体，不仅可以促进身体机能的发展，而且可以协调人际关系，促进人类和谐友好地发展。美国加利福尼亚州体育课程学习评价的标准要求体育教师关注学生个体差异、规划学生的学习进程，让全体学生感受到学习的乐趣，最终全身心地投入其中，即为学生全面发展设置多方位的体育课程学习评价的标准[②]。美国体育课程学习评价的标准充分考虑了学生的差异，在一定程度上能促进学生全面发展。由此我们可以看出，美国没有制定特定的体育课程学习评

---

① 杨传彬. 吉林省普通高校体育课学生学习成绩评价指标体系的研究[D]. 长春：东北师范大学，2006.

② CAMERON J，MERCIER K，DOOLITTLE S. Teacher-led change in secondary school physical education[J]. The physical educator, 2016，73（1）：32–58.

价的标准，而是从学生的个体差异性出发，充分体现了学生的主体性，促进了学生的发展。

刘志红提出，美国传统的体育课程学习评价主要采用统一的运动技能、书面测试、教师仔细观察等手段综合评定学生的学习成绩，在体育课程教学中过分重视运动技能目标的达成情况，用统一标准测试全体学生，奖励"金字塔顶端"的学生，挫伤了大多数学生的积极性。后来出现的替代性评价则充分体现了课程改革和评价的核心理念——真实教育和能力教育。现阶段，美国体育课程学习评价的主要目标是在实际中运用多种方法对学生体育能力进行综合评价。替代性评价有助于培养学生的创新精神和实践能力，即学生对所学知识和技能在实际生活中的运用能力，同时注重各方面能力的综合评估[①]。值得注意的是，美国在健康测验中重视与身体健康相关的体适能，而非与提高竞技成绩相关的体适能，并根据学生获得的具体分数来设定每个学生的具体学习目标，注重学生的个体差异，重视学生个性的培养。同时，通过评价了解学生的进步情况。

（六）体育课程学习评价的方法

体育课程学习评价要注意方法的科学性、公平性和准确性。同时，为了保证评价结果的信度和效度，应采取不同的评价方法，尽可能全面、综合地评价学生的体育课程学习情况。科学的体育课程学习评价方法有助于调动学生的积极性，充分发挥评价的育人功能。

马尔斯（Mars）等人指出，体育课程学习评价拥有重要的教学功能，一般强调形成性评价。形成性评价贯穿教学过程的始终，能直接反映学生的进步情况，对学生体育课程学习有积极

---

① 刘志红. 学校体育教学评价体系构建与可操作性研究[D]. 石家庄：河北师范大学，2007.

的作用①。

由此可见，国外的体育课程学习评价善于将多种评价方式结合起来，更加关注对学生在实际生活中的操作能力和创新能力的培养，同时重视体育课程学习评价对激发中小学生体育课程学习兴趣的积极影响，为学生树立终身体育意识奠定了良好的思想基础。

（七）体育课程学习评价的主体

要想更好地发挥体育课程学习评价的作用，需要采用多元化主体参与评价的方式，提供尽可能多的具体信息反馈来促进学生学习体育课程。

希尔（Hill）和米勒（Miller）指出，受过训练的学生（同伴）对同龄人的体育课程学习情况作出的准确评价与体育教师的评价一样有效和可靠。同伴对体育课程学习的评价不仅能让体育教师从多方面了解学生的学习情况，而且可以使学生相互监督，形成对比，有效地激励同伴互相学习②。

豪泽等人指出，为了体现教师对学生体育课程学习评价的准确性，学校提倡同学、校长、家长也参与到体育课程学习评价中来，这样不仅能证实教师评价的准确性，还能在学生课堂外的表现和体育教师非直观评价方面得到一些指导性的建议③。从不同角度、以不同身份作出的评价，结果不同，对今后学生体育课程的学习、教师体育课程的教学，以及体育课程的发展有指导性作用。例如，马尔

---

① MARS V D H，TIMKEN G，MCNAMEE J. Systematic observation of formal assessment of students by teachers（SOFAST）[J]. The physical educator，2018，75（3）：341–373.

② HILL G M，MILLER T A. A comparison of peer and teacher assessment of students' physical fitness performance[J]. The physical educator，1997，54（1）：40.

③ HOUSER C，CAHILL A，LEMMONS K. Assessment of student and faculty mentor perceptions of an international undergraduate research program in physical geography [J]. Journal of geography in higher education，2014，38（4）：582–594.

斯等人认为，体育课程学习评价在体育课程教学中具有重要的作用，美国各州和学区倡导体育课程学习评价的主体应该包括体育教师和校长等，从多方面进行评价可以提高体育课程的教学质量[①]。

曲宗湖、杨文轩的研究表明，德国在体育课程学习评价中非常重视学生的自我评价，并且让家长参与到评价中，强调家庭教育、学校教育与社会教育的有效结合[②]。评价主体可以是学生、家长等，家庭、学校、社会共同见证学生的成长，共同为学生的学习负责。这种评价方式有助于调动学生学习的积极性、主动性，激发学生的学习热情，从而创造一种良好的学习氛围。

根据以上研究可知，体育课程学习评价倡导多元参与主体从不同的角度对学生体育课程的学习情况进行评价。一方面，多元主体参与评价的方式可以让体育教师从多个方面了解学生的学习情况；另一方面，多元主体参与评价的方式可以在一定程度上激励学生学习。所以，多元主体参与评价的方式有利于学生学习体育课程，也是当前体育课程学习评价的参与主体的发展趋势。

三、体育课程教学评价研究的发展趋势预测

综合上述分析，并结合相关研究成果，本部分对我国体育课程教学评价研究的发展趋势进行以下预测。

（一）体育课程教学评价方法研究

从总体上来看，目前我国对体育课程教学评价方法的研究主要是结合《义务教育体育与健康课程标准（2022 年版）》的要求进行的，即根据学生年龄、学段的特点进行体育与健康课程学习成绩评

---

① MARS V D H，TIMKEN G，MCNAMEE J.Systematic observation of formal assessment of students by teachers（SOFAST）[J]. The physical Educator，2018，75（3）：341–373.

② 曲宗湖，杨文轩. 域外学校体育传真[M]. 北京：人民体育出版社，1999.

价，评价时采用绝对评价与相对评价相结合的方法，注重形成性评价与终结性评价、定性评价与定量评价、教师评价与学生评价相结合，积极探索增值评价，健全综合评价。然而，相关研究成果还不多见，与学习成绩评价相关的学生自我评价和相互评价的研究成果还不丰富。今后体育课程教学评价应采用《义务教育体育与健康课程标准（2022 年版）》建议的评价方式和标准。

（二）体育课程教学评价形式研究

对体育课程教学评价形式的研究是体育课程教学评价研究中极其重要的一部分，而体育课程教学评价形式是受教育评价形式影响较大的内容，一直以来都是我国体育课程教学评价研究领域的热点内容，但仅靠教师并不能全面有效地评价体育课程的教学效果。只有将教师评价、学生自我评价和相互评价结合起来，才能真正反映体育课程的教学效果。因此，在体育课程教学评价的实施过程中，多元主体共同参与评价被广泛强调。

（三）体育课程教学评价内容研究

对体育课程教学评价内容的研究是体育课程教学评价经久常新的研究主题，但对学生学习的评价多聚焦于对学生体能、知识、技能、学习态度、情意表现与合作精神等重要性和必要性的研究，运用恰当的评价理论和方法对评价内容和评价材料进行的研究还不足。另外，在体育课程教学评价的内容方面，教学组织和课程结构、教学内容的质与量、师生间的交流和关系、教师的教学技巧和授课能力，以及教学目标的实现程度等还有待深入研究。

（四）体育课程教学评价标准研究

评价标准是进行体育课程教学的依据，主要用于指导和改进教与学。如何应用《义务教育体育与健康课程标准（2022 年版）》对学生学业质量，基本运动技能、体能、健康教育和专项运动技能进行评价，以及对教师课堂教学行为和学生的学习表现及参与程度等进行评价，相关研究还有待深入。

（五）体育课程教学评价的跨学科研究

体育课程教学评价研究涉及教育科学、体育科学、管理学、社会学等多个学科领域，体现了跨学科研究的特点。跨学科或交叉学科研究已经成为体育课程教学评价的研究方向。跨学科综合发展趋势将衍生出很多研究主题，它们恰恰是未来我国相关研究与学科发展的突破口所在。

四、体育课程教学评价研究评述

随着学校体育改革研究的深入，我国体育课程教学评价研究在不断吸收国内外研究成果和各学科知识成分的过程中，衍生出许多前沿主题与发展方向，呈现出数量增长、质量提高的发展态势。国内外体育课程改革都关注到了体育课程教学评价。作为体育课程改革的主要方面，体育课程学习评价、体育综合素质评价和体育学业评价研究受到重视，但研究的深入程度与细化程度还不够。目前，我国相关研究主题多元，在很大程度上有利于本学科理论体系的搭建和视野的拓宽，但研究成果还不是很丰富，大多停留在理论探索层面，研究热点的脉络承接性还不够强。随着我国体育与健康课程标准的实施，体育课程教学评价研究的数量呈现整体上升的趋势，研究成果较为丰富。但是，在体育课程教学中，体育课程学习评价的特征、评价指标的构建和实践对策等还亟待研究。为此，发挥学校体育学科优势，不断进行改革与创新十分重要。

总体来看，随着体育教育事业的不断发展，国家对体育课程教学质量的要求越来越高，对体育课程教学评价也越来越重视，体育课程学习评价、体育综合素质评价和体育学业评价成为体育教育事业改革与创新不可缺少的环节。在相关研究中，研究者主要从影响体育教育评价的因素出发，获得了一些具有理论和实践价值的研究成果，这些成果关系到体育课程教学改革的全局，世界各国都对其格外关注。体育教育评价的影响因素也是未来一段时间内我国相关研究领域具有代表性、前沿性的研究主题。

结合国外体育课程教学评价的经验，小学生足球课程学习综合评价指标体系的构建、初中毕业生升学体育考试制度的实施、学生综合素质评价等方面还亟待研究。在深化新时代教育评价改革的大背景下，我国体育教育应形成系统、完整的学科评价体系。本研究融合中西，理论结合实践，本着"促进学生全面发展"的理念，积极借鉴其他国家的实用经验，以期探索出符合我国学校体育特色的体育课程教学评价理论与实践途径。体育课程教学评价能够切实将促进学生发展深深扎根在评价中，引导学生养成良好的锻炼习惯和健康的生活方式，促进激励学生加强体育锻炼的有效机制的形成，使学校体育评价工作取得有效进展。另外，我国体育课程教学评价还需要进行创新研究，这无疑体现了研究的迫切性。

第三节　体育课程教学评价研究的目的与立意

一、体育课程教学评价研究的目的

体育课程教学评价研究的目的是通过体育课程教学评价中体育课程学习评价、体育综合素质评价和体育学业评价的理论与实证研究，深化人们对体育课程教学评价的认识。具体目的有以下几点。第一，围绕国内外体育课程与教学评价的研究概述和理论，探索出体育课程教学评价研究的特点和规律，为后续研究奠定理论基础。第二，通过中美义务教育阶段体育课程学生学习评价的比较研究专题，描述基于国际视野的体育课程教学评价状况，将其作为研究创新的可实现基础。第三，通过小学生足球课程学习综合评价指标体系、初中毕业生升学体育考试等实证研究专题，基于体育课程学习评价、体育综合素质评价和体育学业评价，在体育教育评价理念、内容、方法、标准等方面做多种开发与准备，为相关研究与实践提供理论指导、研究资料和数据支撑。

二、体育课程教学评价研究的立意

在深化新时代教育评价改革的大背景下，本研究以融合中西、理论结合实践为研究思路，对体育课程教学评价进行探索，并试图对体育课程学习评价、体育综合素质评价和体育学业评价的部分内容进行深入研究，力争使研究具有理论性和学术性，以丰富体育课程教学评价研究的理论成果。

目前，人们对于体育课程教学评价的特点和规律等还存在一些模糊的认识，这制约了体育课程教学评价的发展，使体育课程教学评价的功效迟迟无法充分发挥。本研究旨在使学校体育管理者、一线体育教师更好地理解体育课程学习评价、体育综合素质评价和体育学业评价的特点和规律，更好地把握体育课程教学评价的内涵，促进学校体育的改革与发展。

此外，借鉴体育课程教学评价的国外经验、构建小学生足球课程学习综合评价指标体系、实施初中毕业生升学体育考试制度将有利于揭示体育课程教学评价的特点和规律，理顺体育教育管理体制与运行机制；有利于形成多形式、多渠道、多层次的体育课程教学评价体系，使体育课程教学质量稳步提高，促进青少年体育素质稳步提高；有利于进一步推动素质教育的发展，从而推动新时代教育发展规划的落实。在深化新时代教育评价改革的大背景下，我国体育教育应形成系统、完整的学科评价体系。

第二章
认识理论：体育课程教学评价概述

体育课程教学评价是体育课程教学的重要部分。最近几年，体育课程教学评价在课程计划中所占的地位越来越重要。体育课程教学评价强调在完整学习过程中的评价，而且强调更有意义的评价材料。随着体育教师对新的教育理念的理解和接受，新的评价指导思想在许多学校的教师和学生中得以推广，评价设计的需求和评价材料使用的需求也在不断增加。

本章主要概述体育课程教学评价的概念、特征、作用与意义。在此基础上，本章通过对体育课程教学评价原则、内容与方法的阐述，强调体育课程教学评价的新理念，体现多元性与教育性。评价的最终目的是促进学生发展，注重教师、学生和家长的全员参与。

第一节　体育课程教学评价的相关概念

一、体育课程评价

对于"课程"一词，《现代汉语词典（第7版）》中的解释是"学校教学的科目和进程"。体育课程是学校课程体系的重要组成部分，是实现学校教育目标的核心内容和重要途径。体育与健康课程是我国基础教育体育课程的全称。

人们对"课程"和"评价"的定义具有多样性的认识，因此对"课程评价"的含义也呈现出多样化的认识。价值判断是确定评价的出发点。课程评价的目的是判断课程是否有明确的目的，是否实现了这些目的，以便在必要的方面对课程进行改进。

我国学者普遍认为，课程评价是对教育现象的价值判断，对课程评价的定义因课程评价对象的不同而不同。钟启泉在《课程设计基础》中将课程评价的对象表述为课程的计划、活动和结果等有关问题[①]。钟启泉主编的《课程与教学论》将课程评价对象分为宏观、中观和微观 3 个层面。宏观层面涉及课程决策与管理成效的评价，中观层面涉及课程开发过程的评价和课程整体系统的评价，微观层面涉及课程目标、课程材料、课程组织、课程实施等的评价[②]。韩和鸣在《中小学课程导论》中将课程评价的对象分为课程设计的评价、教师使用课程的评价、学生成绩的评价、课程系统的评价[③]。

人们对课程评价的理解不同，对体育课程评价的定义也不尽相同。李艳翎将其定义为"通过系统地收集（体育）课程设计和（体育）课程组织实施的信息，依据一定的标准和方法对（体育）课程计划、活动和结果等有关问题的价值或特点做出判断的过程"[④]。崔伟将其定义为"在一定价值观的指导下，按照一定的标准，采用一

① 钟启泉，李雁冰. 课程设计基础[M]. 济南：山东教育出版社，2000.
② 钟启泉，汪霞，王文静. 课程与教学论[M]. 上海：华东师范大学出版社，2008.
③ 韩和鸣. 中小学课程导论[M]. 开封：河南大学出版社，2008.
④ 李艳翎. 体育课程论[M]. 长沙：湖南师范大学出版社，2006.

定的方法和途径对体育课程及其结果等有关问题的价值或特点做出判断的过程"①。潘绍伟、于可红将其定义为"对体育课程设计和体育课程实施活动，以及整个系统所进行的评价活动，以期通过课程评价对已有体育课程进行反馈，为体育课程编制、修正和完善提供事实依据"②。佟铸、李贵阳将其定义为"教育评价的组成部分，是体育领域一般评价活动的具体体现，是在既定体育课程教学目标的基础上，通过一定的评价手段和技术，对教学活动的过程和结果进行测量、分析和比较，并给予价值判断的过程"③。由此我们可以看出，体育课程评价是指根据体育课程目标，通过一定的方法和途径，对体育课程规划、活动、结果等相关问题的特征或价值进行判断。体育课程评价的对象应由教育活动中的所有现象和结果组成。用现代素质教育的观点来看，体育课程评价是对学校体育课程中所有因素进行全方位的综合评价。

二、体育课程教学评价

课堂教学是学校教学活动的主要形式，是教学实施过程中的决定性环节。作为教学工作的重要内容，课堂是完成教学任务的基本途径。李秉德认为，教学评价是对教师的教学工作和学生的学习质量进行客观衡量和价值判断的过程，包括对教学过程和教学效果的价值判断④。

卢立涛、梁威、沈茜认为，课堂教学体现了 3 个要点，即教师的"教"、学生的"学"和最终的课堂教学质量及效果；课堂教学评价是对实然的教学效果和应然的教学目标之间的差距的一种

---

① 崔伟. 体育课程论[M]. 郑州：黄河水利出版社，2005.
② 潘绍伟，于可红. 学校体育学[M]. 2 版. 北京：高等教育出版社，2008.
③ 佟铸，李贵阳. 体育教学评价现状及改革趋势[J]. 体育学刊，2003，10（3）：90–93.
④ 李秉德. 教学论[M]. 北京：人民教育出版社，2001.

衡量[①]。

体育课程教学评价的对象是课堂教学，它是依据体育教育目标，运用一定的评价技术手段对体育教师的"教"及学生的"学"进行价值判断的过程。其中，对学生学习效果的评价和对教师教学工作质量的评价存在密切的联系。对学生学习效果的评价是教学评价的基础和根本，对教师教学工作质量的评价是学生学习效果的重要反映，是学校教学管理的措施之一。

在当前体育课程与教学改革的背景下，关于体育课程教学评价的研究成果不断丰富，并开始从教学评价领域转向课程评价领域，具体包括体育课程评价研究视角、评价目标、评价内容、评价方法等领域。体育课程在不同的发展阶段是否要进行适时、适当的修改，离不开课程评价。随着"健康第一""终身体育"的学校体育指导思想的贯彻，体育课程评价工作在我国得到了应有的重视。

在我国体育课程评价实践中，监控和评价活动既有局部性，又有系统性，主要表现在国家课程评价、地方课程监控和学校课程评估 3 个方面。国家、地方、学校教育管理部门已经参与到课程的宏观监控与评价中。

三、体育课程评价与教学评价的关系

教育评价的内容包罗万象，既包括对教师整个教学过程的评价，又包括对教学结果的间接评价，还包括对学生在学习过程中和学习后的行为的评价。教育评价是对教育效果进行价值判断的过程，具体包含课程评价和教学评价。

① 卢立涛，梁威，沈茜. 我国课堂教学评价现状反思与改进路径[J]. 中国教育学刊，2012（6）：43–47.

要理解教育评价的对象，我们首先应该理解课程评价和教学评价的关系，且必须清楚地认识"课程"和"教学"的关系。

胡中锋在《教育评价学》中论述道，在西方国家，人们常常使用的是"课程评价"一词，这是因为西方国家使用的是"大课程"概念，即课程包含教学。因此，课程评价也包括教学评价。我国的教育学、教学论是从苏联引进的，是一种"大教学"体系，课程又是由国家统一设置的，因此一直只有"教学检查"而无课程评价。20世纪80年代以来，随着各种教育观念的变化，特别是课程开发权开始逐渐由中央向地方下放，课程评价也显得日益重要，且在概念的使用上逐渐与西方国家趋同[①]。

杨小微认为，西方学者经过对课程与教学、课程论与教学论的关系等问题的讨论，已达成如下共识：第一，课程与教学虽然有关联，但又是各不相同的两个研究领域。课程强调每一个学生及其学习的范围（知识、活动或经验），教学强调教师的行为（教授、对话或主导）。第二，课程与教学存在相互依存的交叉关系，而且这种交叉不仅仅是平面的、单向的。第三，课程与教学虽然是可以分开研究与分析的领域，但是不可能在相互独立的情况下各自运作。第四，鉴于课程与教学有着胎联式的关系，"课程教学"一词也已经被人们接受[②]。

课程教学评价既是对学生学习能力和学习成绩进行评价的过程，也是对教师的教学能力和教学效果进行评价的过程。所以，课程教学评价的范围不仅包括学生，也包括教师；既要评价学生的学习结果，又要评价教师的教学质量。

---

① 胡中锋. 教育评价学[M]. 北京：中国人民大学出版社，2008.
② 杨小微. 教学论是一门什么样的学问?——兼论教学论与课程论的关系[J]. 课程·教材·教法，2002（12）：14–19.

随着各种教育观念的变化，我国学者对课程评价和教学评价的关系进行如下概括：教学评价包含在课程评价内，是课程评价的内容之一。

四、体育课程学习评价

体育课程评价包括体育课程学习评价、教师评价和课程建设评价3个方面。学生是教学的主体，体育课程教学评价的价值主要体现在促进学生的发展上。因此，体育课程学习评价强调学生"学"的具体内容，是体育课程教学改革的重要环节。体育教师通过对学生体育课程学习的评价促进评价过程改革，以期提高体育课程教学质量。

关于"体育课程学习评价"的定义，根据《普通高中体育与健康课程标准（2017年版2020年修订）》，体育与健康学习评价是通过系统收集学生的体育学习态度与表现，课外体育锻炼情况与成效、健康行为等信息，依据一定的标准和方法对所达到的学科核心素养水平进行判断和评估的活动，是不断完善课程建设的重要环节和途径。根据学生体育课程学习情况，对学生行为变化和学习进度进行评价，这不仅是判定学生学习进程、评定学习结果的过程，也是对其在体育课程学习过程中的技能、知识与方法，情感态度与价值观等方面进行评价的过程[①]。教育评价的目的是在开展教育评价之前，设想或规定评价活动期待达到的效果或结果[②]。体育课程学习评价就是体育课程学习者接受评价前，在认知、方法、态度与情感方面进行的指导实践的活动。消除评价的消极影响，在学习中达到有效

---

① 陆晨，凌齐鸣. 体育与健康课程学习评价的内涵[J]. 吉首大学学报（自然科学版），2008，29（2）：117–119.

② 沈玉顺. 现代教育评价[M]. 上海：华东师范大学出版社，2002.

的教学效果是体育课程学习评价的主要目的[①]。体育课程学习评价以体育课程的学习目标为依据，根据相关的学习评价标准，运用一定的评价手段和技术进行信息收集、分析整理，从而判断学生学习过程的价值和体育课程的学习效果[②]。以上定义都从激发学生的参与热情、促进学生健康发展的角度对体育课程学习评价进行了阐述，以期教师树立正确的体育课程学习评价观，充分发挥体育课程学习评价的效能。

体育课程学习评价可以促进体育课程改革，提高体育课程教学的质量，使正确、健康的理念贯穿到体育课程活动中，促进学生在身体、心理和社会适应方面健康、和谐地发展。

体育课程学习评价既是一个教学过程的起点，也是一个教学过程的节点，贯穿整个教学活动，发挥着促进学生发展的作用。

五、体育综合素质评价

综合素质评价是对学生的综合素质和能力进行的测评。综合素质评价概念的提出可以追溯到《国家基础教育课程改革实验区2004年初中毕业考试与普通高中招生制度改革的指导意见》，该意见强调初中毕业生综合素质评价。此后，综合素质评价成为促进学生发展的评价方式，激励学生乐观向上、自主自立、努力成才，同时为招生录取提供更加科学的依据，对深化和推进教学改革起到了促进作用。

如何对学生的综合素质进行全面、客观、科学的评价已成为我国各个学校在全面推进素质教育过程中所面临的一个现实问题，也

① 张朋. 体育课程教学评价教育的内涵阐释——谈解除体育课程评价的人为束缚[J]. 教学与管理，2015（18）：118–120.

② 汪晓赞，季浏，金燕. 我国中小学体育学习评价改革效果的调查研究[J]. 北京体育大学学报，2009，32（1）：102–105.

是学生综合素质评价指标体系的重要组成部分。2013 年 6 月,《教育部关于推进中小学教育质量综合评价改革的意见》提出,适应经济社会和教育事业发展的新形势新要求,必须大力推进中小学教育质量综合评价改革。教育部制定了《中小学教育质量综合评价指标框架(试行)》,以期构建体现素质教育要求,以学生发展为核心,科学多元的中小学教育质量综合评价体系,促进学生全面发展,健康成长。

《国务院办公厅转发教育部等部门关于进一步加强学校体育工作若干意见的通知》明确指出,要把学生体质健康水平作为学生综合素质评价的重要指标,将学生日常参加体育活动情况、体育运动能力,以及体质健康状况等作为重要评价内容。体育课程教学评价中的体育综合素质评价以此为依据,将学生日常参加体育活动情况、体育运动能力和体质健康状况三大指标作为支撑。

六、体育学业评价

袁振国将学业评价界定为:以国家的教育教学目标为依据,运用恰当的、有效的工具和途径,系统地收集学生在各门学科教学和自学的影响下认知行为的变化信息和证据,并对学生的知识和能力水平进行价值判断的过程[①]。根据此定义,体育学业评价可以被理解为通过一定的方法和手段,对体育学科进行价值判断的过程。根据《普通高中体育与健康课程标准(2017 年版 2020 年修订)》,学业质量是学生在完成本学科课程学习后的学业成就表现。学业质量标准是以本学科核心素养表现水平为主要维度,结合课程内容,对学生学业成就表现的总体刻画。依据不同水平学业成就表现的关键特征,学业质量标准明确将学业质量划分为不同水平,并描述了不同水平学习结果的具体表现。高中体育与健康学业质量是在运动能力、健

---

① 袁振国. 当代教育学[M]. 3 版. 北京:教育科学出版社,2004.

康行为和体育品德 3 个方面表现出来的学科核心素养发展水平[1]。

随着教育观念的变化，在不同的发展阶段是否有必要对体育学科进行适当的修改，离不开体育学业评价。随着"健康第一""终身体育"的学校体育指导思想的贯彻，体育学业评价工作在我国得到了应有的重视。当前的体育学业评价不再仅仅是为了甄别和选拔学生，更是为了促进学生的健康发展。体育学业评价可以使学生看到自己努力的显著效果，从而提高学生学习的积极性，促进学生潜能、个性和创造性的发挥，使每一个学生都具有学习和发展的自信心和能力。

体育学业评价的内容是指体育学业评价的范围或对象。目前，我国学者对体育学业评价体系、体育课程评价体系、教师评价体系的构建与实施进行了初步探索。建立相对完善的标准，以及科学、合理、有效的评价体系是体育学业评价的关键所在。体育学业评价指标体系对于体育学业评价来说是非常重要的环节，但由于学业评价涉及的因素较多，确定体育学业评价指标体系要从多个角度考虑，既要考虑学业评价的共性，又要考虑体育学科特有的属性。如何建立体育学业评价指标体系还需要进一步的研究。

目前，初中毕业生升学体育考试按照国家相关政策要求，由各地教育行政部门根据本地实际情况确定初中毕业生升学体育考试工作实施方案，以反映体育学科对学生的基本要求。目前，我国所进行的体育学业评价主要是对学校体育课程、学生体质测试制度的实施、课外活动等工作的成效进行评价，即对初中毕业生升学体育考试涉及的几个议题——体育课、阳光体育运动、体质测试达标、升学体育统一测试状况进行评价。

---

[1] 中华人民共和国教育部. 普通高中体育与健康课程标准：2017 年版 2020 年修订[M]. 2 版. 北京：人民教育出版社，2020.

第二节　体育课程教学评价的特征

一、体育课程教学评价的客观真实性

体育课程教学评价的客观真实性是指在现实的体育课程教学实践中，对教师"教"和学生"学"的表现给予客观的评价。体育课程教学评价基于其目的和功能，揭示了体育课程教学的真正价值，需要在不脱离现实的体育课程教学实践中进行。所以，体育课程教学评价的客观真实性强调从体育课程教学实践活动中收集教学行为表现的信息，以此来判断体育课程教学目标的达成程度。

体育课程教学评价的客观真实性能使教师客观地评定学生的学习情况，发现问题并提出解决方案，关注与学生、教学内容和教学环境等相关的情况。

基于体育课程教学评价客观真实性的实践要求，应根据评价的目的来设计评价方案。体育课程教学评价必须符合体育课程教学目标，关注教学过程和教学结果的评价，评价方法与教学结果和教学内容应有机结合。

二、体育课程教学评价的发展性

体育课程教学评价的发展性是指体育课程教学评价的目的和结果都指向促进学生的全面发展。根据体育课程教学的特点，教师不仅要关注学生当前的体育课程学习状况和表现，更要重视学生进步的幅度和未来的发展。体育课程教学评价的发展性主要体现在要把强调学生学习过程的形成性评价与学习结果的终结性评价结合起来，相对全面、真实、准确地反映学生的学习情况。

形成性评价是指在活动过程中，为使活动效果更好而修正本身轨道所进行的评价[①]。美国教育评价专家布卢姆（Bloom）非常重视形成性评价，在他看来，形成性评价是"为了获得反馈信息、改进教学、促进学生掌握尚未掌握的内容所进行的评价"。与布卢姆的看法类似，萨德勒（Sadler）在定义形成性评价时也明确指出："它是专门对学生的表现给出反馈以促进后续学习的一种评价模式。"[②]在体育课程教学中，我们可以将形成性评价理解为了及时反馈学生学习情况，改进体育课程教学，以及指导今后教师的"教"与学生的"学"所进行的评价。

终结性评价（又称总结性评价）是指某一教育教学活动告一段落或完成以后进行的评价，其目的是了解教育教学活动是否达到预期的目标，即最终的效果和效益[③]。在体育课程教学中，可以将终结性评价理解为在某一阶段体育课程教学活动完成以后，对学生学习效果进行的评价，如在每一单元或每一课后，为检测该单元或本节课教学目标达成情况而进行的评价。

三、体育课程教学评价的开放性

体育课程教学评价的开放性是指运用各种评价理论和不同的评价方式对教师"教"和学生"学"的过程与效果进行评价，通过评价内容、形式、标准、时空的开放来提高学生学习体育的积极性，为每个学生创造机会和条件，为学生的可持续发展打下坚实的基础。

---

① 郭晓霞，隋树杰，孙晶. 形成性评价在我国教学评价中的应用现状[J]. 护理研究，2007，21（11）：2840-2842.

② 吴昌提，林菊芳，陈宁红. 国内外形成性评价述评——兼评开放教育形成性考核十年[J]. 现代远距离教育，2009（3）：66-69.

③ 蒋建洲. 中小学生发展性教育评价模式的建构[J]. 湖南师范大学教育科学学报，2002，1（3）：118-121.

体育课程教学评价的开放性要求如下。

（1）评价内容的开放。为了实现促进学生全面发展的评价目标，从知、情、意、行各方面进行考核，以实现评价内容的多元化。

（2）评价形式的开放。评价形式的多样化体现在以下两方面。第一，集中评价与分散评价相结合，即学期末的集中考试与平时测试相结合；第二，将学生自我评价、学生相互评价和教师评价三者有机结合。

（3）评价标准的开放。不仅要考虑学生的努力程度和进步程度，还要考虑学生的基本状况，以作出全面、客观的评价。

（4）评价时空的开放。根据体育课程的时空特点，进行以课堂为中心，在时间上向前、后辐射，在空间上向课外、社会、家庭辐射的全过程和全方位评价。

四、体育课程教学评价参与主体的多元性

体育课程教学评价参与主体的多元性是指调动多方力量参与体育课程教学评价。评价主体包括课程管理者、课程研究专家、体育教师、家长、社会机构和学生等。《普通高中体育与健康课程标准（2017 年版 2020 年修订）》强调评价主体的多元性，将教师评价、学生自我评价、学生相互评价结合起来，并提倡将课内和课外的评价有机结合起来，促进学生在课外积极主动地参与体育运动，养成坚持体育锻炼的习惯。在体育课程教学实践中，参与主体的多元性主要体现在以下几个方面。

第一，在体育课程教学过程中，师生是合作关系，体育教师不仅需要在学生学习体育知识、运动技能、体育锻炼方法和发展体能的过程中提供有效的帮助，还应具有制订有效教学方案的能力。教师评价包含教师对学生的评价和教师相互评价两方面的内容。

第二，学生是体育课程教学的积极参与者和自主学习者。由于学生在体育课程教学中发挥着主体作用，他们参与体育课程教学评价可以在体育课程教学中获得更多的课堂活动空间，这有利于师生间和学生间的相互交流，对学生的全面发展具有重要作用。

第三，家长是教学活动的参与者和教学管理的合作者，可以成为教师教学和管理的助手与合作伙伴。家长参与评价有助于提高自身对体育活动的认识，最大程度地提高学生学习体育的积极性。随着教学改革的不断深入，家长对教师课堂教学的评价意见越来越受重视。此外，让家长参与学生课外体育锻炼的评价是学校体育教育与家庭体育教育相结合的一种模式。

第三节　体育课程教学评价的作用与意义

一、体育课程教学评价的作用

本研究在归纳国内外学者对体育课程教学评价对象和目的的相关研究的基础上，从不同角度对体育课程教学评价的作用进行概括。体育课程教学评价的作用主要有以下几个方面。

（一）诊断作用

全面、客观的评价工作不仅能评估学生学习效果和检验教学目标的实现程度，而且能帮助体育教师了解学生在某一教学阶段掌握知识、技能的情况及存在的问题，以了解自己的教学目标是否合理，教学方法、手段是否运用得当，教学的重点、难点是否突出，从而分析原因，确定对策和具体措施。这种诊断是制订现实的体育教学目标，创设适当的教学情境，使学生实现既定学习目标的前提。

大量实践经验和研究表明，体育课程教学评价既可以考查学生体育学习的能力和潜力、体育学习的状况和发展水平，又可以为国家选拔、使用人才提供参考，还可以帮助学校了解体育教师的教学质量和水平，对教师的教学进行鉴别和评定。

（二）激励作用

体育课程教学评价是对学生学习过程的反馈与指导，对学生的学习动机具有很大的激发作用，可以有效提高学生体育课程的学习效果。教师的表扬和奖励、同学之间的竞赛、体育成绩的评定等有助于发挥体育课程教学评价的积极导向作用，促使学生把外部的激励内化为自我激励的内部动因，从而提高学生学习体育的积极性。

体育课程教学评价对学生具有激励作用，体育教师之间的互评也有助于提高他们的专业水平，使他们明确在体育课程教学工作中努力的方向，促进体育课程教学质量的提高。

（三）调节与反馈作用

体育课程教学评价是有组织地提供体育课程教学活动所需信息的过程，体育教师根据学生反馈的信息，对原来的教学设计做出必要的、适当的、及时的调整，从而达到最佳的教学效果。

体育课程教学评价所反馈的信息可以使教师判断并明确课程教学目标及实现程度，以及教学形式和方法是否有利于促进体育课程教学目标的达成，为修订和完善体育课程教学计划、目标、方案及策略等提供依据。

（四）课程建设作用

体育课程教学评价的根本目的在于确立一种行为机制，及时给予反馈，完善课程建设。《普通高中体育与健康课程标准（实验）》指出，课程评价的主要目的是对课程设计和组织实施的科学程度进行诊断，并确定课程目标的达成程度。它是不断完善课程建设的重要依据和途径[①]。

通过体育课程教学评价了解课程建设的质量和水平、优点和缺点、矛盾和问题等，可以更好地促进课程建设。这个过程涉及课程编制的各个方面，包括课程目标、课程内容、课程实施等。

（五）促进发展作用

体育课程教学评价促进发展的作用主要包括 3 个方面的内容：第一，体育课程教学评价有利于学生的发展。体育课程教学评价的目标之一就是通过比较合理的评价与诊断，帮助体育教师应用有效的教学策略，不断调整教学组织方法与过程，从而促进学生在认知、情感、体能、技能等方面的发展。第二，体育课程教学评价有利于体育教师的专业化发展。体育课程教学评价重点关注教师的教学过程，而这个过程的效率与诸多因素相关，所以，体育课程教学评价不仅是教师对教学过程的评判，也是教师对教学行为的批判性反思，是教师与同行、专家交流和分享的过程。因此，体育课程教学评价能促进体育教师的专业化发展。第三，体育课程教学评价有利于完善课程建设。体育课程教学评价是不断完善课程建设的重要依据和途径，它通过对课程设计和组织实施的科学程度进行诊断来确定课程目标的达成程度。了解课程建设的质量和水平、优点和缺点、矛盾和问题等，有助于充分发挥体育课程教学评价对课程目标、课程内容、课程实施等的作用。体育课程教学评价的根本目的在于关注学生、教师和课程的发展，要注重发挥评价的促进发展作用。

二、体育课程教学评价的意义

科学有效地进行体育课程教学评价是成功开展体育教学的

---

① 中华人民共和国教育部. 普通高中体育与健康课程标准（实验）[M]. 北京：人民教育出版社，2003.

基础，也是为提高教学质量进行的教育决策的基础。体育课程教学评价对于促进学生的"学"、教师的"教"和教育管理者的工作具有重要意义。

（一）对学生"学"的意义

对学生的"学"进行评价可以使学生了解自己达到学习目标的程度与层次、进步的幅度、存在的问题，并为日后的学习与发展打下坚实的基础。另外，对学生的"学"进行评价还为学生提供了展示自己能力、水平、个性的机会，在某种程度上可以使学生获得一定的成就感和满足感，培养和提高学生自我认识、自我教育的能力，有助于学生的学习及成长。

（二）对教师"教"的意义

对教师"教"的评价以提高教学质量为目的，是体育课程评价的重要内容之一。运用恰当的评价理论和方法对体育教师的教学活动和结果进行评价，可以客观、公正、及时、可靠地评定体育教师教学工作的质量与效果，发现教学活动中的优点和不足，直接影响体育教师日后教学的准备、实施和结果。通过对"教"的评价，体育教师可以判断自己的教学活动与目标的达成程度，这对他们自身专业化发展和教学水平的不断提高极为有利。

（三）对教育管理者工作的意义

教学评价是现代教学的基本组成部分之一，它既是成功教学的基础，也是进行各种教育决策的基础。教育行政管理机构把教学评价的结果作为教学质量督导的重要内容。教学评价不仅能够作为判断教师的"教"和学生的"学"的目标是否达成的依据，而且能够根据教师专业化发展情况和学生的学业进步情况，完善教学质量监控体系，为教育管理者科学规划和制定教育决策提供依据。

第四节 体育课程教学评价的原则

体育课程教学评价的原则是进行体育课程教学评价最基本的要求，教学评价者应遵循以下体育课程教学评价的原则。

一、教育性原则

与其他课程的教学评价一样，体育课程教学评价的教育性有深层次的意义，是寻求最佳教育方式的不可缺少的手段。体育课程教学评价的教育性原则主要包含两个方面。一是评价过程要体现出明显的反馈、调节、激励和导向作用，使学生看到自己努力的显著效果，从而提高学习的积极性。二是要激发学生的潜能，使每一个学生都具有学习和发展的自信心与能力。因此，体育课程教学评价可以将学生学习体育的过程与评价结果有效地结合起来，将评价信息及时反馈给学生，以激励学生取得进步，最终使教育方针更好地贯彻实施。

二、科学性原则

科学性原则是根据教育评价自身的特点，根据科学标准合理进行评价，力求使评价方法与过程更加科学。这主要体现在以下几个方面：①根据教育规律、管理规律和教学原则确定评价的方向和目标；②以客观和实事求是的态度建立教与学统一的评价标准与指标体系；③合理安排整个评价的程序；④注重评价工具和材料的使用；⑤采用定性与定量相结合的评价方法，重视形成性评价；⑥采用学生自评、互评与教师评价相结合的手段；⑦根据学生的个体差异制定和使用相应的评价标准。

三、民主性原则

民主性原则体现在体育课程教学评价方案的制订和评价结果的使用上，主要包括两个方面。一是在制订评价方案时，要广泛听取、征求意见和建议，使评价方案能够反映最广大评价对象的情况；倡导多元评价，即评价目标多元、评价内容多元、评价方式多元和评价参与主体多元。二是在使用评价结果时，要充分发挥评价的反馈和激励作用，与评价客体进行交流，发挥评价促进发展的功能。

四、实践性原则

实践性原则体现为体育课程教学评价活动必须在实践中进行并得到发展，主要包括以下四个方面。第一，体育课程教学和评价本身都是富有实践性的活动。根据体育教学改革的要求，体育课程教学评价的侧重点在于培养和发展学生的实践能力与技能。第二，评价的内容、指标体系和权重来自实践并指导实践。第三，评价对象处于发展和变化的动态过程中，所以评价活动也是动态的过程，需要在评价实践中不断完善。第四，评价的过程是一个全面、系统的实践过程，评价方案也需要通过实践得到检验，反之，评价也可指导实践。

第五节　体育课程教学评价的内容

一、体育课程教学评价的对象与范围

体育课程教学评价的对象与范围构成了体育课程教学评价的内容。体育课程教学评价的对象是体育教师的课堂教学，它是依据体育教育目标，运用有效的、可操作的评价技术与手段，对体育教学

活动的过程和结果进行测量、分析、比较，并给予价值判断的过程。体育课程教学评价既是对学生的"学"（体育课程学习能力和学习成绩）进行评价的过程，也是对体育教师的"教"（教学能力和教学效果）进行评价的过程。所以，体育课程教学评价的范围包括评价学生和教师两个方面，即评价学生体育课程学习的结果和体育教师的教学质量。

（一）对学生的"学"的评价内容

《义务教育体育与健康课程标准（2022年版）》要求体育与健康课程评价内容的选择应围绕核心素养，紧扣学业质量，结合具体的教学内容，评估学生核心素养的发展水平，具体评价内容主要包括运动能力的发展，健康行为的形成和体育品德的养成[①]。《普通高中体育与健康课程标准（2017年版2020年修订）》中规定的评价内容不仅包括知识与技能，过程与方法，情感、态度与价值观三维课程目标，还包括运动能力、健康行为、体育品德3个方面的体育与健康学科核心素养的评价内容[②]。

（二）对教师的"教"的评价内容

对教师的"教"的评价内容包括体育教师的专业素质和课堂教学两个方面。体育教师的专业素质评价包括教师的教育理念、职业道德、教学能力和科研能力，以及体育教师的体育运动基础等。体育教师的课堂教学评价通常包括教学目标、教学组织和课程结构、教学内容、师生交往、运动负荷、教学技巧和教学结果等。

（三）对学生的评价与对教师的评价之间的关系

对学生的"学"的评价和对教师的"教"的评价存在密切的联

---

① 中华人民共和国教育部. 义务教育体育与健康课程标准：2022年版[M]. 北京：北京师范大学出版社，2022.

② 中华人民共和国教育部. 普通高中体育与健康课程标准：2017年版2020年修订[M]. 2版. 北京：人民教育出版社，2020.

系。对学生学习效果的评价是教学评价的基础和根本，学生学习效果是教师教学工作质量的重要反映，对教师教学工作的评价是学校教学管理措施之一。学业质量评价涉及对学生的"学"的评价和对教师的"教"的评价，涵盖课程内容、教学方式与学习评价，对教师的"教"具有引导作用。关于学业质量评价，《普通高中体育与健康课程标准（2017 年版 2020 年修订）》提出了运动能力、健康行为和体育品德 3 个方面的体育与健康学科核心素养的评价内容，结合课程内容，描述了不同水平学习结果的具体表现，核心是促进学生学科核心素养的形成与发展。

二、体育课程教学评价指标体系

根据体育课程教学评价的定义，体育课程教学评价的对象是体育教师的课堂教学，涵盖教学过程和教学效果两个方面。在教学质量评价系统中，教学质量评价指标体系是核心，它能否客观、真实地反映体育教师的教学质量，很大程度上取决于教学质量评价指标体系是否与学校的实际情况相符，能否真实反映教学组织的情况和教师的实际情况，以及其中的各个指标权重设置是否合适。由于体育课程教学评价对象包括教学过程和教学效果两个方面，体育课程教学评价指标也应包括课程教学过程评价指标和课程教学效果评价指标。

（一）体育课程教学过程评价指标

毛振明在其主编的《体育教学论》中阐述，体育教学过程是为实现体育教学目标而计划、实施的，使学生掌握体育知识和运动技能并接受各种体育道德和行为教育的教学程序。这个程序具有学段、学年、学期、单元和课时等不同的时间概念①。

---

① 毛振明. 体育教学论[M]. 2 版. 北京：高等教育出版社，2011.

体育课程教学过程是指课程教学的活动状态变换及时间流程，由相互依存的教和学两方面构成。体育课程教学过程评价指标由以下四部分构成。

第一，体育课程教学设计方案的实施。根据教学过程中客观存在的规律和性质，教学设计方案包括学生学习知识和形成运动认知的过程、学生掌握运动技能的过程、学生掌握锻炼身体的方法的过程、学生提高运动素质的过程、学生集体学习和集体思考的过程、学生体验运动乐趣的过程等内容。同时，教学设计方案应注重教学效率，关注合理投入与高效产出的有机统一。

第二，体育课程教学不同阶段和层次的衔接。我国学生从小学到大学毕业所接受的国家规定的体育教育一般分为超学段体育教学过程、学段体育教学过程、学年或学期体育教学过程、单元体育教学过程和课堂体育教学过程。在实践中，教师要使体育课程教学符合学生的身心发展特点和认知水平，并注重不同学段和层次教学内容的衔接。

第三，体育课程教学结构的合理性。体育课程教学过程一般是由教师、学生、目的、课程、方法、环境和反馈等要素组成的一个有机系统。因此，体育课程教学要力求使教学过程从整体上发挥其最优功能，取得最佳的教学效果。在体育课程教学实践中，要选择最佳教学方案，教学思路要清晰，各个教学要素之间的衔接要自然，教学重难点要突出，按照实际教学过程中的反馈信息及时调整体育教学活动。

第四，体育课程教学实施的主体性。体育课程教学过程的实施需要充分发挥人的主体性，树立主体性思想是体育课程教学过程实施的内在要求。师生之间相互尊重、相互理解才能做到平等，学生才会学到知识与技能，提高思考和解决问题的能力，培养健康的情感、态度与价值观。学生树立主体性思想有利于提高参与教学活动的积极性，进行自主学习。

（二）体育课程教学效果评价指标

体育课程教学效果评价是指通过教师的课堂交流、观察、练习和检测的安排，反馈课堂教学信息和检测教学目标实现程度的工作。在我国传统的课程教学效果评价中，评价等同于考试，体育课程教学评价的内容显然只注重知识和技能、学生本身的身体素质和参与度等。然而，随着教育观念的变革，体育课程教学评价的理念也在改变，而且体育课程教学效果评价的内容比以往更加重要。

体育课程教学效果评价包括对学生学习效果的评价和对教师教学效果的评价两个方面，既是对学生学习效果的检查、衡量与判定，也是对教师教学目标的具体实现情况的检验。对学生学习效果的评价主要包括学生对体育知识的认知，以及学生在运动技能、体育锻炼方法、体能发展、学习态度、合作精神等领域的学习效果。既要考评体育知识、运动参与、运动技能等目标的达成程度，又要考评学生的身体发展、心理健康与社会适应的情况。体育课程教学效果评价要重视学生对体育课程学习的态度和健康行为，结合每一个学生的基础及提高的幅度进行评定。

第六节　体育课程教学评价的方法

一、体育课程教学评价方法分类

体育课程教学评价方法是在体育课程教学评价过程中解决存在的问题的途径和手段。体育课程教学评价主要以完成评价任务为目标，力求做到操作简便、测评结果准确可靠。体育课程教学评价工作非常复杂，评价方法有很多，根据不同的划分标准可以分为不同的类型。为了更好地发挥评价的作用与功能，常用的体育课程教学评价方法包括以下3类。

（一）绝对评价法与相对评价法

绝对评价法是指在评价对象集合之外，确定一个评价标准，在评价时将评价对象集合中的每一个成员和此评价标准做比较，以对该成员进行评价[①]。绝对评价法要求学生达到相应的标准即可，只考虑学生与评价标准之间的关系，其优点为比较客观，学生接受评价后可以发现自己与客观标准的差距，有利于学生取长补短，明确今后努力的方向。绝对评价法的关键是评价标准的制定要准确。

相对评价法是从评价对象集合之中选取一个或若干个作为基准，然后将各个评价对象与基准进行比较，以此进行评价。在教学实践中，通常以学生所在班级的平均水平为评价基准来判断学生成绩在所属班级的水平。这一方法具有适用面广且不受整体水平限制的优点，但也有评价基准会随总体情况的不同而发生变化的不足。

当前，体育课程教学改革要求体育课程教学评价将绝对评价法与相对评价法相结合，关注学生在运动能力上是否达到绝对水平，以及在体育课程学习中的进步幅度与努力程度。例如，采用绝对评价法对学生体能进行评定，同时，采用相对评价法对每一个学生的基础及提高的幅度进行评定，注重把评价对象的过去和现在进行比较，对评价对象的不同方面进行比较。

（二）定性评价法与定量评价法

定性评价法是预先把评价内容分解为几个项目，分别进行评价。体育课程教学评价方法中常见的几种定性评价法有观察法、访谈法和座谈法、调查法、自我评价法和相互评价法、档案袋评价法等，它们在体育课程教学评价中被广泛应用于教育目标及学习结果评

---

① 中国中学教学百科全书总编辑委员会 数学卷编辑委员会. 中国中学教学百科全书：数学卷[M]. 沈阳：沈阳出版社，1991.

价，强调学生在"质"的方面的发展和教育结果与教育目标之间的一致性。定性评价法的缺点主要为评价结果有时会模糊笼统，弹性较大，难以精确把握。

定量评价法力求把复杂的现象简化为数量，进而通过对数量的分析与比较来推断某一评价对象的成效。几种常用的定量评价法有等级记优评价法、位置百分法、名次百分法、标准百分法、累进计分法、综合评判法和多级模糊综合评判法。定量评价法强调数量计算，以教育测量为基础，其主要优点为客观、标准、精确、简便、数量化，在体育课程教学中主要满足了选拔、甄别的需求；其缺点是有些重要品质与行为过分依赖纸笔测验实现量化，所得出的评价结果并不能准确反映真实情况。

在素质教育的背景下，体育课程教学评价方法比较丰富，强调定量评价法与定性评价法相结合，重视口头评价、测验、技能评定、展示、成长记录、量表评价等评价方法。评价方法应该由客观评价向主观评价转移，由终结性评价向形成性评价转移。为了提高学生参与体育活动的积极性，体育课程教学评价应采用学生自评、互评与教师评价相结合的手段，综合考虑学生的学习态度、情感、能力和学习结果等多种因素。

（三）诊断性评价法、形成性评价法、终结性评价法

诊断性评价是在教学活动开始前，如在体育课程教学设计的前期分析中，对学生的知识、技能、智力、体能和态度等状况进行摸底测试，以便了解学生的实际水平和准备情况，判断其是否具有达到新教学目标所必需的基本条件，为教学决策提供依据，使教学活动符合学生的需要和背景。

形成性评价是对教学各要素进行的分析、判断和测评。体育课程教学具有应用性和实用性较强的特点，可通过对体育课程教学的各要素进行分析、判断和测评来评价学生体育知识、运动技能、锻

炼身体的方法和运动能力的掌握情况。通常，教师通过对学生进行观察、让学生展示一项运动技能、使用成长记录袋或者综合多种方式等来进行评价。

终结性评价主要是在教学任务完成后进行的评价，是对教学全过程的综合测量和检验，主要关注课堂教学和学习过程的最后结果，强调对学生学到的技能和知识的检测，目的是了解学生的整体情况，评价学生的发展水平。终结性评价也可以用于判断教学目标是否合适，以及教学内容、教学方法的有效性，对教师的课程设计起到一定的反馈作用。

二、几种常用的体育课程教学评价方法

结合国内外体育课程教学评价的发展趋势，体育课程教学评价强调定量评价与定性评价相结合，相对评价与绝对评价相结合，形成性评价与终结性评价相结合。下面介绍体育课程教学实践中几种常用的评价方法。

（一）张榜公布型评价法

张榜公布型评价法充分利用教室和体育场地的空间，布置一些宣传栏和海报栏，对学生的学习结果张榜公布。这种评价方法有助于营造积极的课堂环境，促进学生参与课堂活动，加强学生之间的合作，具有公正性、透明性、持久性、直观性和导向性作用。通过对比，学生可以找出自身的不足和与他人的差距，从而努力提高自身的知识水平。该评价方法使体育课程教学"活"了、"动"了，传统的体育课程教学评价也因此被注入了新的内涵和形态。

（二）选择型评价法

选择型评价法区别于传统的是非判断法、比赛法、回答问题法和标准化评价，运用非传统方法（如画图、录像等）进行评价。使

用这种评价方法时，教师要求学生有所创新，并给予等级评价（通常使用专栏）。学生与其他同学共同完成自我评价和相互评价，教师给予等级评价时，通常采用量表的方式，大多数情况下以班级或小组为单位进行集体评价。

（三）课堂练习型评价法

课堂练习型评价法是教师在教学过程中，对学生在课堂上的表现通过语言或给予物质奖励的方法进行评价，一般包括语言激励型评价和物质奖励型评价。

语言激励型评价是教师在学生练习过程中给出的口头激励。当学生在学习技能时取得一定的成功，教师可以及时用赞赏性的词汇表达肯定，学生会因此得到一种认同感并感受到来自教师的关爱，从内心深处受到激励和鞭策，从而对体育课程的学习更加投入。另外，教师对于没有信心、基础较差或动作完成得不太好的学生也要以眼神、动作、表情进行鼓励。

物质奖励型评价是教师用具有象征性的物品在学生练习过程中进行激励的方法，这样可以让学生感受到来自教师的鼓励，形成持久的内驱力。例如，在体育课堂教学中，教师可以用一个奖章或小饰品来奖励表现特别突出的学生。

（四）纸笔测验型评价法

纸笔测验型评价法是通过让学生回答问卷或写下自己的感受等方式进行评价的方法。纸笔测验型评价法不仅对学生的认知水平进行评价，而且对学生运动技能的掌握程度、体育行为和态度等进行评价。

纸笔测验型评价法是体育课程教学评价的一种重要方法，主要考查学生对知识点的掌握。教师在应用该评价方法时应切实理解学生个体差异和体育课程学习需要，从而有针对性地设计开放性的问题，将体育专业知识运用到具体设计中。

（五）表现型评价法

表现型评价法考查学生在真实情境中运用知识和技能的能力，要求定期观察和评价学生的表现。教师应用表现型评价法能够获得纸笔测验型评价法无法测出的结果，包括学生应用知识的能力、整合学科内容的能力，以及决策、交流、合作的能力等。表现型评价法是真实性评价的一种形式[①]。

在体育课堂教学中，通常采用运动技能的展示取代脱离比赛环境而进行的技术评价，以及在比赛中评价技能的运用情况。评价情境越接近现实生活，评价结果越真实可靠。

（六）成长记录袋评价法

成长记录袋是汇集了学生成长过程的档案，这些档案包括学生对所学知识的理解程度、技能述评、行为素质、体育作业、体质健康状况记录。为了评价学生学习和进步的状况，在体育教学实践中，教师利用成长记录袋评价法来收集、记录学生校内外体育作业的完成情况，教师或同伴作出的评价，以及其他相关的证据与材料等。

成长记录袋评价法是由多元化和多样化的评价体系构成的。在体育教学实践中，教师制订评价方案时应注意明确"为什么评价""评价谁""评价什么""如何评价"的问题。其中，"为什么评价"是使用成长记录袋的目的（教师需要什么信息？它能为教学计划的制订提供什么反馈信息？它对学生有什么帮助？）；"评价谁"指评价的对象；"评价什么"是成长记录袋中的内容（学生知道了什么？能做什么？）；"如何评价"指记录的内容、次数和频率，以及评价程序，由学生和教师共同确定。

（七）观察评价法

观察评价法也被称行为观察法，是对包含特定工作的成功绩效

[①] 张向葵，吴晓义. 课堂教学监控[M]. 北京：人民教育出版社，2004.

所需要的一系列合乎希望的行为进行观察的一种评价方法，用于很多行业领域，是体育课程教学过程中一种常用的评价方法。例如，教师在考核学生运动技能、行为和进步情况时，运用行为观察量表给某种行为出现的频率赋值，从而计算出得分。这些被观察的技能、行为和进步情况与教育教学目标及课程标准要求联系紧密。根据观察时所采用的技术方法，观察分为一般观察和集中观察两类。一般观察旨在将观察结果记录存档；集中观察关注学生行为和结果的一些特殊方面或一组特殊的学生，通过多种观察手段来获取更多的信息，据此了解学生的学习情况。

第三章

体育课程学生学习评价：中美义务
教育阶段比较研究专题

第一节 绪 论

一、中美义务教育阶段体育课程学生学习评价比较研究的必要性

评价不仅要关注学生的学业成绩，而且要发现和发展学生多方面的潜能，了解学生发展中的需求，帮助学生认识自我，建立自信。

义务教育制度是为提高国民素质，实现社会公平，由国家依法对所有适龄儿童统一实施的具有普及性、强制性、免费性特征的学校教育制度。义务教育对于学生的整体发展具有重要意义，在整个教育阶段占据着非常重要的地位，开展好义务教育对学生的培养是至关重要的。

义务教育是国家统一实施的、所有适龄儿童必须接受的教育，是国家必须予以保障的公益性事业。义务教育贯彻的是国家层面的教育方针和政策，目的是促进所有适龄儿童在品德、智力及体质等方面接受全面的教育，促进其全面发展。

纵观国内研究现状，从学术角度来看，政策的变迁也会引起

相关学术成果的变化。《义务教育体育与健康课程标准（2011 年版）》对体育课程学习评价做出了明确规定，体现了国家对义务教育阶段青少年身体素质的重视。笔者以"体育课程""学习评价"为主题词，收集关于我国义务教育阶段体育课程学习评价的文献，以《义务教育体育与健康课程标准（2011 年版）》的颁布为时间节点，共查阅到文献 184 篇（2011 年以前有 115 篇，2011 年后有 69 篇）。通过计量可视化分析，笔者发现，2001—2011 年，相关研究逐步增多，2011—2014 年，相关研究有所减少，2014—2016 年，相关研究最多，2016 年后呈逐渐减少的趋势。

美国国家运动与体育教育协会于 2013 年出台了新版《K-12 体育课程国家标准》。在 ProQuest、EBSCO 等数据库中，以"physical education program""assessment""evaluation"为主题词，收集关于美国义务教育阶段体育课程学习评价的文献共 75 篇（2013—2018 年）。中国和美国对义务教育阶段学生体育课程学习评价的研究都以各自国家的体育课程标准为蓝本，从不同的角度阐释了不同的学术观点，给义务教育阶段体育课程的改革提供了丰富的理论基础。然而，中美两国义务教育阶段的背景不同，学生、家长和学校的体育教育观念也不尽相同。目前，两国学者均只是以各国的特点为基础进行研究，比较研究还不多见。因此，本专题以两国义务教育阶段体育课程学生学习评价为研究对象，以相关理论为基础，结合两国实际情况，对义务教育阶段的个案进行对比分析，通过逻辑分析总结出两国在义务教育阶段体育课程学生学习方面的相同点和不同点及获得的启示，促进两国在体育课程学生学习评价方面相互借鉴，并为义务教育阶段体育课程建设提供理论参考。

我国义务教育阶段指小学和初中阶段，美国义务教育阶段指小学、初中和高中阶段。本专题主要采用文献资料法、案例分析法、逻辑分析法、对比分析法等研究方法，对中美两国义务教育阶段体育课程学生学习评价的背景、理念、目的、内容、方法、标准和参与主体进行比较分析。

　　将中美义务教育阶段体育课程学生学习评价进行比较，对于体育课程的研究是一种新的尝试，其主要原因在于以下两点：第一，各国基础教育正在不断改革，体育课程学生学习评价作为体育课程的一个重要因素也面临着新的挑战。第二，我国基础教育改革不断推进，在总结自身教育改革经验时，离不开借鉴国外教育改革经验。因此，将中美体育课程学生学习评价进行比较是中外体育课程研究的新视角。

二、中美体育课程学生学习评价比较研究的目的与意义

（一）研究目的

　　首先，作为研究的逻辑起点，本章对相关概念进行界定，并介绍关于体育课程学生学习评价的理论基础，为进行中美两国体育课程学生学习评价比较奠定了基础。其次，对中美两国相关文献进行分析和整理，以了解两国体育课程学生学习评价的现状。再次，对中美两国体育课程评价的背景、理念、目的、内容、方法、标准和参与主体进行比较，找出两国义务教育阶段体育课程学生学习评价的相同点及不同点，揭示两国体育课程学生学习评价的特征。最后，结合我国体育课程学生学习评价改革的实际情况，总结获得的启示，以探索出有利于我国体育课程学生学习评价发展的方向，促进我国体育课程学生学习评价更好地发挥作用，不断提高我国体育课程的教学质量。

（二）研究意义

　　首先是理论意义。目前，关于中美义务教育阶段体育课程学生学习评价比较研究的文献还不多见。本研究通过对中美义务教育阶段体育课程学生学习评价进行比较，分析出中美义务教育阶段体育

课程学生学习评价体系的特点、差异及启示，为以后的研究者提供理论支持与资料参考。本研究丰富了中外体育课程学生学习评价比较的研究成果，有助于提高体育教师对体育课程学生学习评价的重视程度。

其次是实践意义。本研究通过对中美义务教育阶段体育课程学生学习评价进行比较，为体育课程学生学习评价体系的构建和体育课程评价改革提供了参考依据。科学、合理的学生学习评价直接关系到中小学体育课程的质量，进行相关研究有助于促进体育课程学生学习评价机制不断完善，发挥体育课程评价的导向作用，促进学生全面发展。从推动我国体育课程学生学习评价发展的角度来看，通过对比分析，找出我国义务教育阶段体育课程学生学习评价体系需要进一步完善的方面，可以为我国体育课程学生学习评价体系改革提供参考，最终促进体育课程改革不断深化。

三、体育课程学生学习评价研究的相关理论基础

（一）卢梭的自然教育理论

卢梭（Rousseau）自然教育理论的核心是教育归于自然。卢梭认为，教育应该顺应人的本性，追求传统体制性教育、强迫儿童、不顾及儿童特点的教育方式应该被摒弃①。卢梭的自然教育理论指导着义务教育的发展。教育的目的是培养自然人，促进儿童身心协调发展。卢梭根据对儿童发展自然过程的理解，将儿童教育分为 4 个时期。

第一，婴儿期（0～2 岁）。从出生到 2 岁是婴儿期。体育是在婴儿期应特别注意的教育任务，主要目的是促进婴儿身体的健康发

---

① 卢书欣. 卢梭自然教育理论的当代启示[J]. 湖北理工学院学报（人文社会科学版），2013，30（1）：81-83.

育。为了让孩子从小养成顺应自然的生活方式，卢俊主张让婴儿在乡村环境中成长。

第二，儿童期（3～12 岁）。卢梭将儿童期称为"理智睡眠时期"。在这一时期，应当注意儿童感觉器官的发展，以感官教育为主，还要继续进行体育教育和保健教育。

第三，少年期（13～15 岁）。卢梭认为，少年期教育的重点在于劳动教育和智育教育。进行智育教育时，应当先选择相应的教学内容，要选择"有利于我们幸福的知识"，并且是该时期儿童能学习和理解的知识。

第四，青年期（16 岁至成年）。卢梭认为，青年期的人处于感情发展的阶段，对其要加以道德教育引导，并且在进行教育时要回归到城市中去。

综上所述，卢梭的自然教育理论要求教育适应自然，符合儿童的年龄特征，促进儿童德、智、体、美、劳全面发展，这对儿童后期的发展具有重要的作用。卢梭的自然教育理论要求教师顺应儿童生理和心理的自然发展，尊重儿童，给予他们充分的自由，让他们在自然中茁壮成长；强调将学生放在主体地位，尊重他们的想法，充分调动他们的积极性和主动性。

（二）泰勒的行为目标评价模式理论

泰勒（Tyler）的教育评价模式既被称为"行为目标评价模式"，又被称为"泰勒模式"。泰勒行为目标评价模式理论将教育方案的目标用学生行为化的成就来表示，同时对这一行为目标进行评估并将其作为决定教育活动的依据。泰勒行为目标评价模式理论的核心是评定目标达成度。评价者以某个确定的教育目标为指导，将教育目标行为化，然后对学生进行对应的测试和检查，根据学生的目标达成度来判断教学效果。行为目标评价模式理论是以目标为导向或以目标为中心的，它利用学生的行为成就来表示教育目标，并将这一目标作为评价教育结果和控制教育活动的依据[1]。这一理论把确定目标，控制教育活动，以及总结学习经验和评价结果看成评价的完整过程。

泰勒的行为目标评价模式理论为体育课程学生学习评价提供了新思路。在评价内容上，既要评价具体的学习目标（体能和运动技能等）的达成度，也要评价那些难以具体化和量化的目标（学习态度、情意表现与合作精神等）的达成度；在评价方法上，既要关注形成性评价，又要对统一的内容进行评价；在评价主体上，允许学生参与评价，促使学生进行个性化学习。只有这样的评价方式才能使体育课程学生学习评价实现最大的价值。

（三）多元智能理论

多元智能理论由哈佛大学心理学家加德纳（Gardner）提出，提倡人的智力由语言智能、数理逻辑智能、空间智能、音乐智能、身体运动智能、内省智能和人际智能7种不同的能力组成[2]。多元智能理论要求教师从不同的层面来看待每一个学生，促进优势智能领域向其他智能领域迁移，充分强调学生各项智能的全面发展和个性才能的展示。

多元智能理论在评价理念上强调尊重学生的个体差异和因材施教。借鉴多元智能理论，体育课程学生学习评价在评价目的上倡导"以学生发展为中心"，帮助每一个学生增强自尊与自信，学会有效地发挥自己的优势智能；在评价内容上，体育课程学生学习评价不再强调选拔和淘汰，而更强调通过评价促进学生多元智能的发展，进而为社会培养健康、全面发展的人才；在评价主体上，体育课程学生学习评价强调通过多元、多渠道、多种形式，对学生的体育课程学习进行评价。

---

[1] 胡中锋. 教育评价学[M]. 北京：中国人民大学出版社，2008.

[2] 加德纳. 多元智能[M]. 沈致隆，译. 北京：新华出版社，1999.

（四）人本主义理论

人本主义理论是 20 世纪五六十年代在美国兴起的，代表人物有美国心理学家罗杰斯（Rogers）等人。人本主义理论认为教育的真谛是使知识转化为智慧。该理论从新的角度分析了"教学"与"学习"的关系，强调学生在教学过程中自我实现的心理过程，同时认为学生具备自我发展的潜力，学习的内容、方法、进度都可以由学生自己决定，旨在让学生成为学习活动的主人。

根据罗杰斯的人本主义理论，学生学习评价强调"以学生的发展为中心"，评价目的为"促进学生健康全面发展和自我实现"。在构建体育课程学生学习评价体系时，"以学生发展为中心"体现在内容、方法和评价主体方面。在评级内容上，要关注与体育课程学习过程密切相关的学习态度、情意表现和合作精神等；在评价方法上，强调对学生学习过程的观察，注重学生的进步与发展；在评价主体上，允许了解体育课程学习过程的学生参与评价，以便更好地掌握整个学习过程，调动学生的积极性[1]，从而促进学生的全面发展，鼓励每个学生最大程度地发挥自我价值。

（五）建构主义学习理论

建构主义学习理论是一种在认知主义基础上发展起来的全新的学习理论，强调学习者的主观能动性，代表人物有皮亚杰（Piaget）等心理学家[2]。孙峰、孙悦在其文中写道："知识不是通过教师传授得到，而是学习者在一定情境即社会文化背景下，借助他人（教师和学习伙伴）的帮助，利用必要的学习资料，通过建构意义的方式

---

① 杜雪兴. 论人本主义教育观对我国基础教育改革的启示[J]. 苏州教育学院学报，2002，19（2）：36–40.

② 张若男. 水平三学生体育与健康课学习评价体系的研究[D]. 长春：吉林体育学院，2015.

而获得。"①建构主义学习理论的核心观点包括：知识是主体个人经验的合理化，因此，经验是非常重要的，学习者是基于自身经验去理解知识的；以学习者为中心，以人文性为特点，高度尊重学生在学习过程中的主体地位。

根据建构主义学习理论，在进行体育课程学生学习评价时，应强调评价内容的全面性，坚持以学生为中心，既要评价学生的课堂表现，又要评价学生的课外活动；既要评价学生的身体变化，又要评价学生的心理变化；既要对结果进行评价，又要对过程进行评价。在评价方法上，主张多样化，并提倡使用"真实性评量"和"操作性评量"的方法。在评价主体上，强调突出学生的主体地位，同时评价学生和教师，注重评价结果的反馈作用，以帮助教师了解教学情况，及时做出相应的调整②。

第二节　中国与美国义务教育阶段划分的比较

一、中国义务教育阶段划分

《中华人民共和国义务教育法》规定：国家实行九年义务教育制度。义务教育是国家统一实施的所有适龄儿童、少年必须接受的教育，是国家必须予以保障的公益性事业。这一阶段的教育目标是挖掘学生潜力，激发学生兴趣，提高学生体能，最终促进学生良好行为习惯的养成。《义务教育体育与健康课程标准（2011 年版）》把我国义务教育分为四个水平，具体如表 3-1 所示。

---

① 孙锋，孙悦. 建构主义学习理论与高职教育评价[J]. 高等职业教育（天津职业大学学报），2004，13（2）：42-45.

② 严云芬. 建构主义学习理论综述[J]. 当代教育论坛，2005（15）：35-36.

表3–1　中国义务教育水平和阶段划分

项目	小学教育阶段			初中教育阶段
水平	水平一	水平二	水平三	水平四
年级	1至2年级	3至4年级	5至6年级	7至9年级

如表3–1所示，中国实行九年义务教育，分为小学教育阶段和初中教育阶段。为了方便教师的"教"和学生的"学"，我国把义务教育阶段分为4个水平：水平一至水平四。水平一至水平三为小学教育阶段，水平四为初中教育阶段；1至2年级为水平一，3至4年级为水平二，5至6年级为水平三，7至9年级为水平四。这种划分方法在一定程度上考虑了学生的年龄差距，具有连续性。

二、美国义务教育阶段划分

美国的基础教育为K–12，"K"代表幼儿园（kindergarten），"12"代表12年级，"K–12"指从幼儿园到12年级的教育，也称为义务教育。美国的K–12教育在改革发展中不断总结、借鉴和创新，建立了较为完整而独特的教育体系，每个州和地区的基础教育体系略有不同。美国把义务教育分为3个阶段，具体如表3–2所示。

表3–2　美国义务教育阶段划分一览表

	阶段一	阶段二	阶段三
美国义务教育	幼儿教育和小学教育阶段 幼儿园至5年级	初等教育阶段 6至8年级	中等教育阶段 9至12年级

美国的法律规定，6至16岁适龄儿童、少年必须入学。美国

把 K–12 教育（义务教育）分为 3 个阶段：幼儿教育和小学教育阶段（幼儿园至 5 年级）、初等教育阶段（6 至 8 年级）、中等教育阶段（9 至 12 年级），其中初等教育阶段为初中教育阶段，中等教育阶段为高中教育阶段。

三、中国与美国义务教育阶段划分的比较

研究发现，中美两国都十分重视义务教育，要求适龄儿童、少年必须入学接受教育。两个国家在义务教育阶段划分方面存在差异，具体如表 3–3 所示。

表 3–3　中国与美国义务教育阶段划分比较

项目	中国	美国
阶段划分	水平一　1 至 2 年级 水平二　3 至 4 年级 水平三　5 至 6 年级 水平四　7 至 9 年级	阶段一　幼儿园至 5 年级 阶段二　6 至 8 年级 阶段三　9 至 12 年级

中国和美国义务教育的相同点是两国义务教育阶段在国家教育体系中都占据着重要的地位，都以法律作为保障，都以学段中的年级为划分标准。中国和美国义务教育的不同点首先体现在义务教育年限上，美国义务教育年限为 12 年，中国义务教育年限为 9 年。此外，中国义务教育按照年级被分为 4 个水平，美国义务教育按照年级被分为 3 个阶段。

第三节　中国与美国体育课程学生
学习评价背景的比较

一、中国体育课程学生学习评价的背景

2001 年，为贯彻《中共中央国务院关于深化教育改革全面推进素质教育的决定》和《国务院关于基础教育改革与发展的决定》，教育部决定大力推进基础教育课程改革，调整和改革基础教育的课程体系、结构、内容，构建符合素质教育要求的新的基础教育课程体系。2001 年的课程改革是体育课程改革的里程碑。《义务教育体育与健康课程标准（2011 年版）》对不断深化体育课程学生学习评价改革产生了深远的影响，它标志着我国体育课程学生学习评价从标准化的大纲向更灵活的方向转变[①]：体育课程学生学习评价开始更加注重学生的个性和兴趣，以及学生的全面发展。

进入 21 世纪后，奥林匹克精神的传播和大型体育赛事的蓬勃发展使越来越多的人开始关注体育运动。我国体育健儿在国际大赛中不断取得突破性成绩带动了体育产业的迅速发展，也在一定程度上促进了学校体育的发展，越来越多的学生投身到体育运动中。2008 年北京奥运会成功举办后，国家对青少年身体健康越来越重视。《义务教育体育与健康课程标准（2011 年版）》对我国体育课程学生学习评价提出了更多建议，使我国体育课程学生学习评价获得了更加深入的发展。2020 年 10 月，中共中央办公厅、国务院办公厅印发

---

① 杨文轩，主编；义务教育体育与健康课程标准修订组，编写. 义务教育体育与健康课程标准（2011 年版）解读[M]. 北京：高等教育出版社，2012.

的《关于全面加强和改进新时代学校体育工作的意见》明确要求推进学校体育评价改革，"建立日常参与、体质监测和专项运动技能测试相结合的考查机制，将达到《国家学生体质健康标准》的要求作为教育教学考核的重要内容。"一系列政策、文件的颁布推动了我国体育课程改革的进程，为体育课程教学评价提供了依据，并为本专题研究提供了一定的支撑。

二、美国体育课程学生学习评价的背景

美国主要通过出台一系列国家政策文件来进一步提升教育政策的执行力，从而发挥教育在促进国家发展和人力资源素质提升方面的作用。2001年1月，美国政府通过的《不让一个孩子掉队法案》规定，各州要对学校进行严格的考核评价，目的是解决美国中小学教育质量低下的问题。然而，这种考评制度使学校常规体育课程教学被视为教育质量提升的"拦路虎"，学校将教学精力放在了应试上，而体育课作为非考试科目再度被忽视，这在一定程度上造成了学生体质的下降。2015年12月，美国总统奥巴马签署了《每一个学生成功法案》，取代已经实施10多年的《不让一个孩子掉队法案》。《每一个学生成功法案》结束了联邦政府对学校教育成绩的问责制，将学校管理和测评的权力归还给了各州和各学校[①]。

在美国个别地区，优秀体育教师相对缺乏，一些学校的体育教师甚至将体育课变为运动训练课，从而忽视了正常的体育课程教学。在这样的学校体育背景下，修改体育课程国家标准成为解决学校体育课程教学问题的唯一途径——通过修改体育课程国家

① 罗朝猛. "还权"：美国《每一个学生成功法案》的最大亮点[J]. 教书育人，2016（2）：36-37.

标准来改进体育课程学生学习评价，从而提高学生的体质健康水平，促进学生的全面发展。

美国分别于 1995 年、2004 年和 2013 年出台了 3 个版本的体育课程国家标准，不同版本出台的时间间隔为 9 年。美国在体育课程教学的理论和实践研究方面积累了一定的经验，2013 年版《K-12体育课程标准》为其他国家中小学体育课程内容的设计和教学计划的制订提供了借鉴依据和参照样本。该标准作为全美体育课程教学的指导性文件，针对美国青少年体育课程制订了详细的计划及相应的年级水平结果指标，对体育课程学生学习评价提出了指导性建议。

三、中美两国体育课程学生学习评价的背景比较与启示

通过比较中国与美国体育课程学生学习评价的背景，我们可以看出，体育课程学生学习评价间接地反映了一个国家的经济与文化发展水平，体现了一个国家的生命力。体育教育关系到一个国家青少年的健康，两国都通过制定体育课程标准来完善体育课程学生学习评价制度，从而引导学生在学习运动技能和相关知识的过程中形成积极的情感、态度和正确的价值观。中国的《义务教育体育与健康课程标准（2011 年版）》及美国 2013 年版《K-12 体育课程标准》可作为两国探索体育课程学生学习评价改革之路的里程碑，使中美两国体育课程学生学习评价系统化和规范化，促使体育课程教学目标、内容、方法和过程不断改革和完善，有助于促进青少年全面发展，满足了社会变革对体育教育发展的需求。

第四节　中国与美国体育课程学生
学习评价理念的比较

一、中国体育课程学生学习评价理念

"健康第一"是我国学校体育工作的指导思想。在体育课程学生学习评价中树立"健康第一"的指导思想，可以使学生在身体、心理和社会适应方面健康、和谐地发展，因此显得尤为重要[①]。在新课程标准下，我国体育课程学生学习评价理念以"健康第一"为指导思想，注重学生的整体发展，了解学生在各方面的表现，让每个学生健康成长，形成终身体育意识，通过评价让学生喜欢运动[②]。我国体育课程学生学习评价理念以"健康第一"为指导思想，主要体现在以下 4 个方面。

第一，树立"健康第一"的指导思想。随着体育课程改革的不断深入和素质教育理念的确立，树立"健康第一"的指导思想已成为当前体育课程改革的发展趋势。树立"健康第一"的指导思想可以在一定程度上使学生在身体、心理和社会适应方面健康、和谐地发展。把"健康第一"的指导思想贯穿到整个体育教育活动中已成为当前体育课程发展的方向，也直接反映了素质教育理念，更体现了我国体育课程学生学习评价以人为本的价值观，对于学生的全面发展起着重要作用。

---

① 汪英."健康第一"指导思想下体育教学评价体系及发展趋势研究[J]. 湖北体育科技，2007（1）：116–117.
② 罗仕贵，黎丹. 新课程标准背景下对学生体育学习评价的审视[J]. 西南农业大学学报（社会科学版），2011，9（8）：182–184.

第二，关注个体差异，保证每个学生受益。根据地区、学校和学生之间的差异，以及学生身心发展的特点，学校应该从实际情况出发，制定个性化的评价标准，使每一个学生都得到发展。

第三，培养青少年参与体育运动的兴趣。教育学家夸美纽斯（Comenius）曾经说过："培养兴趣是创造愉快和谐教学环境的重要途径"。学生只有发自内心地喜爱学习，学习才会更有动力，学习效率才会更高。我国《义务教育体育与健康课程标准（2011年版）》提出"注重激发学生的运动兴趣"。根据对体育课程学生学习评价的反馈，教师应通过创新、因材施教、发现学生的优点并帮助学生参与体育运动等方式，激发学生的运动兴趣。同时，我国倡导通过体育运动引导学生培养正确的体育价值观，在体育运动中逐渐形成吃苦耐劳、相互合作、坚持不懈的体育精神，并把这些精神直接带到学习和生活中，这样不但可以使学生学习更有动力，提高学习效率，而且可以使学生主动参与体育运动。

第四，培养青少年的终身体育意识。终身体育是指一个人终身接受体育教育并进行体育锻炼，使体育成为生活中不可缺少的一部分。在终身体育思想的指导下，人们在不同时期、不同生活领域都可以获得参与体育运动的机会。学校体育在终身体育的实施过程中发挥着重要作用[①]。体育课程学生学习评价应注重培养学生的终身体育意识，评价结果可以使教师了解学生在成长、学习过程中情感、态度、学习策略等方面的变化情况，有助于促进学生全面发展。教师在进行体育课程学生学习评价时应贯彻终身体育的思想，让学生掌握基本的体育理论知识、运动技能和运动方法，培养学生的终身体育意识，发展学生的体育运动能力，促使学生锻炼身体，增强体质，保持健康。

---

① 谭兆风. 体育教学评价现状的不足及改善措施[J]. 体育学刊，2001，8（3）：70–72.

综上所述，随着我国课程改革的全面实施，为了全面提高青少年的体质健康水平，大力发展学校体育，促进中小学生全面发展，发挥体育课程学生学习评价在学校体育中的作用尤为重要。学校和教师要树立"健康第一"的学校体育工作指导思想，注重以人为本，促进学生全面发展，关注个体差异，保证每个学生都受益，并培养青少年参与体育运动的兴趣及终身体育的意识。

二、美国体育课程学生学习评价理念

美国的 K–12 教育注重学生的个性发展，强调体育课程学生学习评价应该尽量避免横向对比，根据学生的进步和发展潜力来进行纵向鼓励，让学生看到自己的进步与成就，引导学生积极地参与体育课程评价，帮助学生学会学习，使学生养成自主学习和自主锻炼的习惯[1]。美国体育课程学生学习评价强调学生的发展和进步，不仅关注学生掌握知识、技能的情况，而且注重情感态度，以更好地帮助学生培养对体育运动的兴趣，养成良好的体育运动习惯，使学生逐步形成终身体育的意识[2]。美国中小学注重通过评价来提高学生的综合素质和评价效果的多维反馈，重视对学生个体素质的评价，体现了学生在体育课程学习中的重要地位[3]。相关文献研究表明，美国体育课程学生学习评价注重凸显育人的功能，提高青少年自主学习和自主锻炼的积极性，重视培养学生的运动技能，使其养成终身运动的习惯。

第一，美国体育课程学生学习评价注重凸显育人的功能。美国

---

① HOUSER C，CAHILL A，LEMMONS K. Assessment of student and faculty mentor perceptions of an international undergraduate research program in physical geography[J]. Journal of geography in higher education，2014，38（4）：582–594.

② BAGHURST T. Assessment of effort and participation in physical education[J]. The physical educator，2014，71（3）：500–508.

③ 刘日良. 中外学生体育学习评价比较与分析——以中、美、日三国为例[J]. 青少年体育，2016（7）：135–136.

中小学注重评价效果的多维反馈，通过评价提高学生的综合素质。例如，在美国的中小学体育课程教学中，体育教师经常与语文、数学、历史教师合作，安排体育课外作业，以提高学生的写作水平、逻辑思维能力和反思能力；体育教师经常通过网络与家长沟通，促进学生学习体育[①]。同时，美国体育课程学生学习评价注重学生的个人品质，基于"个人和社会责任感理论"和学生的良好行为进行评价，增强了学生的责任感和团队意识。此外，育人功能也是美国体育课程学生学习评价的重要方面。多方面、多途径的学习评价在一定程度上可以促进学生对体育课程的学习，提高学生的学习能力。

第二，美国体育课程学生学习评价注重提高青少年自主学习和自主锻炼的积极性。美国中小学注重对学生体育素养的培养。体育素养囊括了体育的方方面面，体育素养高的人可以积极地进行自主学习和自主锻炼。美国体育课程学生学习评价理念强调提高青少年自主学习和自主锻炼的积极性，但并非盲目地在教师的监督下进行自主学习和自主锻炼。美国中小学教师注重从不同方面去了解学生，发现学生对体育课程学习的兴趣和爱好，培养学生自主学习和自主锻炼的习惯[②]。学生自主学习和自主锻炼有助于提高体育课程学习的效率，在一定程度上实现全面健康成长。

第三，美国体育课程学生学习评价重视培养学生的运动技能，使学生养成终身运动的习惯。由于美国青少年肥胖问题日益严重，美国民众对健康的重视程度日益提高，学校开始把培养学生终身参与体育运动作为主要目标之一。与此同时，美国在体育课程学生学

---

① 葛耀君，朱江华. 美国中小学体育教学评价与启示[J]. 体育教学，2016，36（7）：51–53.

② BAGHURST T. Assessment of effort and participation in physical education[J]. The physical educator，2014，71（3）：500–508.

习评价方面更多地关注学生参与体育运动的过程和动机，培养学生的运动技能，使学生养成终身运动的习惯。美国国家运动与体育教育协会也提出以下要求："学会参加各种体育运动所需的技能，了解参加各种体育运动的益处，并定期参加体育运动，促进健康发展。"①从小学到高中，美国在不同阶段对学生体育课程学习有不同的要求，在体育课程教学过程中，教师通过改革创新，间接培养学生参与体育运动的兴趣和习惯，充分调动学生的主观能动性，使学生积极主动地学习和掌握运动技能。

综上所述，美国体育课程学生学习评价注重凸显育人功能，并逐步向实践转化；注重提高青少年自主学习和自主锻炼的积极性；注重培养学生的运动技能，并强调使学生养成终身运动的习惯。

三、中美两国体育课程学生学习评价理念的比较与启示

体育课程学生学习评价理念对提高体育课程的质量具有导向作用。表 3–4 比较了中美两国体育课程学生学习评价理念。

表 3–4　中美两国体育课程学生学习评价理念比较

国家	中国	美国
体育课程学生学习评价理念	1. 树立"健康第一"的指导思想 2. 关注个体差异，保证每个学生受益 3. 培养青少年参与体育运动的兴趣 4. 培养青少年的终身体育意识	1. 注重凸显育人功能 2. 注重提高青少年自主学习和自主锻炼的积极性 3. 重视培养学生的运动技能，使学生养成终身运动的习惯

我国体育课程学生学习评价的理念包括以"健康第一"为指导思想；关注个体差异，保证每个学生受益；培养青少年参与体育运

---

① SHAPE AMERICA. National standards & grade-level outcomes for K–12 physical education [M]. Champaign：Human Kinetics，2014.

动的兴趣和培养青少年的终身体育意识几个方面。美国体育课程学生学习评价注重凸显育人功能，提高青少年自主学习和自主锻炼的积极性，重视培养学生的运动技能，使学生养成终身运动的习惯等。

中美两国在体育课程学生学习评价理念上的相同点表现为：两国都是从学生的角度出发，树立"健康第一"的发展观，在提高学生身体素质的基础上，使学生对体育运动产生兴趣，形成爱好，促进学生的全面发展，最终培养学生的终身体育意识。不同点表现为：我国体育课程学生学习评价关注学生的个体差异，从而保证每个学生都受益。美国学校在体育课程学生学习评价上强调"自主"的观念，要求青少年自主学习和自主锻炼；同时强调每个阶段有每个阶段的任务，要求学生不局限于某一方面，到高中阶段，运动技能、运动知识、运动观念应满足终身体育的要求，促进学生全面发展。

美国体育课程学生学习评价理念对我国的启示在于我国可以根据义务教育阶段学生的实际，进一步细化体育课程学生学习评价的要求，促进运动知识、运动技能、运动观念的学习贯穿终身，在学生低年级阶段就开始注重培养他们自主进行体育学习和锻炼的意识，进而培养运动习惯，贯彻落实终身体育理念。

第五节 中国与美国体育课程学生学习评价目的的比较

一、中国体育课程学生学习评价的目的

关于中国体育课程学生学习评价的目的，不同的研究者进行了不同的阐述。范晓敏、张金生认为，我国体育课程学生学习评价的目的

不仅是促进体育课程不断发展和完善，还要对学生的发展和潜能进行系统调查，帮助学生树立自信心，认识自己的优缺点，培养其创新和实践能力，促进其全面发展[1]。谢福萍认为，体育课程学生学习评价的目的不仅是了解学生的学习情况和表现，关注学生的个性发展与情感体验，促进学生发展，还要了解体育教师的教学效果，促进教师发展[2]。郝明认为，我国体育课程学生学习评价的目的一方面是检查教师的教学情况，另一方面是促进学生发展，通过评价让学生了解自我，明确努力的方向，实现自我教育和相互教育[3]。相关文献分析表明，我国体育课程学生学习评价的主要目的有以下 3 个方面。

第一，促进体育课程建设不断发展和完善。为了满足学生发展、社会发展和国家发展的要求，学校需要通过体育课程学生学习评价调整体育课程目标，使体育课程目标日趋科学化。为了给学校和学生选择体育课程内容的空间，我国通过课程内容建设促使课程内容满足不同年级、不同学校、不同地区学生的需求，实现一本多纲，从而在整体上实现体育课程内容结构的均衡性、综合性和选择性，使课程内容日趋合理。

第二，促进学生发展。促进学生发展是体育课程学生学习评价的侧重点和关注点。体育课程学生学习评价不仅注重学生运动知识、运动技能的掌握，更注重学生情感、态度、价值观的发展，关注学生的个性差异，关注学生个性发展的需要，尊重和认可学生个性化的价值取向，培养学生健全的人格、良好的心理素质和职业意识。

① 范晓敏，张金生. 多元智能理论视角下高职院校体育课程评价体系的研究——以聊城职业技术学院为例[J]. 科技视界，2016（20）：66.

② 谢福萍. 中学体育与健康课程学习评价探析[J]. 体育文化导刊，2009（7）：110-112.

③ 郝明. 大学体育课程学生学习评价方法的创新与实践[J]. 漯河职业技术学院学报，2016，15（2）：98-102.

当今的体育课程学生学习评价关注学生对评价过程的全面参与[①]。评价作为学生认识自我、发展自我、管理自我、激励自我、完善自我的一种手段，最终目的是促进学生不断成长。

第三，促进体育教师的专业发展。教师通过对体育课程学生学习评价结果的利用，既促进了自身的专业发展，又为课程建设的发展明确了方向。此外，体育课程学生学习评价要求体育教师掌握体育课程的特点与规律，掌握新的评价理论与评价方法，这有助于提升体育教师体育教育科研能力。

二、美国体育课程学生学习评价的目的

关于美国体育课程学生学习评价的目的，有研究者进行了相关阐述。刘日良认为，美国体育课程学生学习评价强调对学生进行有效反馈，激励学生，帮助学生树立在管理者和家长心目中的信誉[②]。韦斯等认为，美国体育课程学生学习评价的目的是让体育教师和家长都可以看到学生学习体育课程后的表现，建立体育课程在教师和家长中的地位[③]。马伦德等人在其文章中阐述，美国加利福尼亚州体育课程学生学习评价的目的是对学生进行激励，帮助学生正确认识自己，从而促进学生发展[④]。通过阅读相关文献可知，美

① 汪晓赞，季浏，金燕. 我国中小学体育学习评价改革效果的调查研究[J]. 北京体育大学学报，2009，32（1）：102–105.

② 刘日良. 中外学生体育学习评价比较与分析——以中、美、日三国为例[J]. 青少年体育，2016（7）：135–136.

③ WEISS M R，BOLTER N D，KIPP L E. Assessing impact of physical activity-based youth development programs：validation of the Life Skills Transfer Survey（LSTS）[J]. Research quarterly for exercise and sport，2014，85（3）：263–278.

④ MULLENDER-WIJNSMA M J，HARTMAN E，DE GREEFF J W，et al. Improving academic performance of school-age children by physical activity in the classroom：1–year program evaluation[J]. Journal of school health，2015，85（6）：365–371.

国体育课程学生学习评价的目的有以下 3 个方面。

第一，对学生学习情况进行有效反馈。美国体育课程学生学习评价通过告诉学生怎样提高、哪些方面需要努力，从而使学生有针对性地进行改善。教师全面了解学生学习情况的主要途径是对学生进行有效的反馈，有效的反馈能让教师更清楚地知道学生对体育课程的掌握情况，发现学生在体育课程学习上的不足，并根据反馈结果正确引导学生，使学生高效地学习和成长。表 3–5 是美国 1～4 年级体育课程学生学习评价目的示例。

表 3–5　美国 1～4 年级体育课程学生学习评价目的示例

年级	活动名称	评价目的
1～4	踢球/运球评估	了解学生是否理解在踢球或运球时脚的不同部位

由表 3–5 可知，美国 1～4 年级体育课程学生学习评价的目的是通过踢球或运球评估，了解学生是否理解踢球或运球时脚的不同部位。根据学生的理解程度，教师采用相应的方法帮助学生掌握学习内容。有效的反馈不仅能让教师了解每个学生的学习情况并采取相应的策略帮助其提高，还能提高学生对学习体育课程的兴趣。

第二，对学生进行适当激励。传统的美国体育课程学生学习评价只是单一地对学生进行横向比较，忽视了绝大多数学生的发展。为了弥补这种评价的不足，让评价起到激励和促进作用，美国学校强调根据学生的进步和发展潜力来进行评价，帮助学生正确认识自己[①]。学生身心发展的不平衡性使每个学生的学习情况不同，而教师

---

① 刘日良. 中外学生体育学习评价比较与分析——以中、美、日三国为例[J]. 青少年体育，2016（7）：135–136.

在体育课程教学中处于主导地位，通过体育课程学生学习评价，教师可以了解每个学生的学习情况，对不自信的学生、学习效果不太明显的学生、学习成绩相对落后的学生、课堂上主动性不强的学生进行适当的激励。这样学生就会感到教师的关注和支持，从而增强学习的动机，学习兴趣会随之提升，学习效果也会大大提高，运动技能掌握得更扎实，渐渐地，学生会喜欢上体育课[①]。当体育课成绩较好的学生得到教师的激励时，心理上会感受到教师的认可，学习的热情会更加高涨，慢慢会升华到主动参与体育运动，并养成终身运动的习惯。对学生的激励能有效地推进体育课程教学并使每一个学生都受益。

第三，帮助教师和家长了解学生体育课程的学习情况。为了促进学生健康、全面地成长，美国体育课程学生学习评价强调教师、学生、家长三位一体。刚开始进行体育课程教学时，体育教师对学生很陌生，对学生对体育课程的喜爱程度、喜欢的运动项目都一无所知，教师只有通过家长了解学生的基本情况，教学才能有针对性；同时，在教师了解学生基本情况的同时，家长也了解了学生的学习情况和学习效果，实现了家校合作。

三、中美两国体育课程学生学习评价目的的比较与启示

体育课程学生学习评价有助于促进体育课程教学的发展，使教师更好地"教"，学生更好地"学"。表 3–6 比较了中美两国体育课程学生学习评价的目的。

---

① WEISS M R，BOLTER N D，KIPP L E. Assessing impact of physical activity-based youth development programs：validation of the Life Skills Transfer Survey（LSTS）[J]. Research quarterly for exercise and sport，2014，85（3）：263–278.

表 3-6　中美两国体育课程学生学习评价目的的比较

国家	中国	美国
体育课程学生学习评价目的	1. 促进体育课程建设不断发展和完善 2. 促进学生发展 3. 促进体育教师的专业发展	1. 对学生学习情况进行有效反馈 2. 对学生进行适当激励 3. 帮助教师和家长了解学生体育课程的学习情况

表 3-6 显示，我国在体育课程学生学习评价上主要从体育课程建设、学生和教师 3 个方面的发展出发；而美国在体育课程学生学习评价上主要以促进学生发展为主，从对学生学习情况进行有效反馈、对学生进行适当激励、帮助教师和家长了解学生体育课程的学习情况 3 个方面出发。

中美体育课程学生学习评价目的的相同点表现为：中美两国都从学生的角度出发，促进学生发展；通过体育课程学生学习评价，学生可以获得体育知识与技能，评价让每一个学生都受益。不同点表现为：我国体育课程学生学习评价的目的主要是通过评价促进体育课程建设，促进学生和教师共同发展；美国则以学生为出发点，充分体现了学生在体育课程教学中的主体性，这在一定程度上带动了体育课程建设和教师的发展。

通过对比发现，我国在体育课程教学方面，体育课程建设、学生、教师三者相辅相成、缺一不可。在体育课程学生学习评价上需要进一步发挥学生的主体作用，通过评价对学生进行适当激励，激发学生学习体育课程的兴趣，提高学生学习体育课程的积极性。

第六节 中国与美国体育课程学生
学习评价内容的比较

一、中国体育课程学生学习评价的内容

鲍飞认为，中国体育课程学生学习评价的内容高度重视综合评价，强调多元化的评价，不仅要对学生的体能和运动能力进行评价，还要评价学生的学习态度、情感、沟通能力和团队合作精神，从而使教师了解学生在成长、情绪、态度和学习策略等方面的变化[①]。薛晓东认为，我国体育课程学生学习评价的内容由一元化向多元化转变，包括 3 个部分：情意的评价、知识技能的评价和体能的评价[②]。根据《义务教育体育与健康课程标准（2011 年版）》，我国体育课程学生学习评价的内容主要包括运动参与、运动技能、身体健康、心理健康与社会适应 4 个方面[③]，每个方面都包含相应的学习内容，具体如表 3–7 所示。

表 3–7 我国体育课程学生学习评价的内容

评价方面	学习内容
运动参与	1. 参与体育学习和锻炼 2. 体验运动的乐趣和成功

① 鲍飞. 中国美国体育课程标准的比较研究[D]. 临汾：山西师范大学，2017.

② 薛晓东. 中小学体育与健康课程多元化体育学习评价的操作性构想[D]. 南京：南京师范大学，2012.

③ 中华人民共和国教育部. 义务教育体育与健康课程标准：2011 年版[M]. 北京：北京师范大学出版社，2012.

续表

评价方面	学习内容
运动技能	1. 学习体育运动知识 2. 掌握运动技能和方法 3. 增强安全意识和防范能力 4. 学习和应用运动技能
身体健康	1. 掌握基本保健知识和方法 2. 塑造良好体形和身体姿态 3. 全面发展体能与健身能力 4. 提高适应自然环境的能力
心理健康与社会适应	1. 培养坚强的意志品质 2. 学会调控情绪的方法 3. 培养合作意识与能力 4. 具有良好的体育道德

《义务教育体育与健康课程标准（2011 年版）》中的每个评价方面都结合学生身心发展的特点，分别设置了相应的学习内容。为了准确反映学生对体育课程的掌握情况，调动学生学习体育课程的积极性，挖掘每一个学生的潜能，对于义务教育阶段体育课程学生学习评价的内容，我国根据学生学习水平在体能、知识与技能、态度与参与、情意与合作 4 个目标领域给出了具体的比例，如表 3-8 所示。

表 3-8　我国义务教育阶段体育课程各项评价内容所占比例

单位：%

阶段	体能	知识与技能	态度与参与	情意与合作
水平一	40	20	20	20
水平二	40	25	20	15
水平三	40	30	20	10
水平四	40	40	10	10

由表 3-8 可知，我国体育课程学生学习评价根据学生年龄和发

展阶段的特点分为 4 个水平，每个水平对体能、知识与技能、态度与参与、情意与合作 4 个方面要求不同。首先，体能评价所占比例从水平一到水平四都相同；与知识与技能、态度与参与、情意与合作方面所占比例进行对比，体能评价所占比例是最大的，这说明体能评价在体育课程学生学习评价中占据着最重要的地位。其次，从知识与技能所占比例来看，随着水平段的提高（学生年龄的增长），知识与技能在评价中所占的比例上升，这反映了学生年龄越大，对知识与技能的掌握要求越高。再次，从态度与参与所占比例来看，水平一至水平三学生的比例相同，水平四学生的比例下降。这意味着在态度与参与方面，对小学生的要求高，目的是让学生从小培养积极参与体育运动的习惯；到了初中阶段（水平四），随着年龄的增长和体育课程学习的积累，学生开始有能力发展自己的兴趣爱好，养成了积极参与体育运动的习惯，态度与参与所占比例开始降低。最后，从情意与合作所占比例来看，随着水平段的提高，该项评价内容所占比例开始逐渐下降。根据学生身心发展的特点，学生年龄越大，认知程度越高，学习体育课程的主动性会越来越强，情意与合作占比相对减少。以下是对我国体育课程学生学习评价内容的具体分析。

第一，体能主要是指与运动技能和健康有关的能力，体能评价的内容包括心肺功能、柔韧性、肌肉力量、肌肉耐力和身体成分等。在对学生的体能进行评价时，应根据体育课程的发展目标和学生年龄特点并参考《国家学生体质健康标准（2014 年修订）》确定学生的体能水平。"全面发展体能"已成为我国体育课程学生学习评价的重要目标和内容。

第二，对知识与技能的评价是根据学习的目标与要求，以及教学的实际情况，选择相应的体育课程知识、技能评价指标，评价学生体育课程知识与技能的掌握情况。对知识与技能的评价在一定程度上影响着学生学习体育课程的速度和水平。知识与技能评价主要包括学生对体育课程的认识水平、学生对体育对身体健康和全面发展的重要性的认识水平、相关的体育课程知识及技能应用与实践情况。

第三，态度与参与是体育课程学生学习评价的内容之一，它是顺利完成体育课程目标的基础。我国体育课程的目标是加深学生对体育课程的理解，使学生形成积极参与体育运动的态度，养成终身体育的习惯。因此，对学生态度与参与的评价包括学生上体育课的出勤率、课堂表现、学习的兴趣、课堂参与情况，以及课外应用所学体育知识的情况。体育课程学生学习评价内容的具体要求如表 3-9 所示（以水平二阶段态度与参与方面为例）。

表 3-9　水平二阶段态度与参与方面评价内容示例

类别	评价内容
运动参与	参与体育学习和锻炼
学习目标	是否积极参加各种体育运动，是否愿意参加新的体育项目和游戏活动
评价要点	参加新的体育项目和游戏活动时的表现
评价方法举例	评价学生初次学习软式排球时的积极程度

教师可以根据评价结果因材施教，促进学生对体育课程的学习，使学生形成良好的参与体育学习和锻炼的态度与行为。

第四，情意与合作是学生在体育课程学习过程中的情感表现、意志品质、人际关系与合作行为，是体育课程学生学习评价的重要组成部分。学校教育的一个功能就是帮助学生通过学习获得生活技能。学生的情意表现为：能够克服胆怯等心理，自信大胆地融入体育活动；敢于挑战和克服体育活动中的困难，并坚持不懈地努力下去。学生的合作精神表现为：能够理解和尊重他人，在体育课程教学过程中表现出良好的人际交往态度和合作精神；能够遵守规则、尊重裁判员、尊重对手，并为所在小组贡献自己的力量等。

　　九年义务教育阶段 3～4 年级（水平二阶段）《体育与健康》（教师用书）第三部分为学习评价，对体能、知识与技能、学习态度、合作精神、情意表现给出了具体的评价标准，如表 3–10 所示。

表 3–10　水平二阶段体育课程学习评价内容示例

评价内容	学习表现		自我评价			组内评价		
			第一学期	第二学期	趋势	第一学期	第二学期	趋势
体能	参考不同学习水平的体能项目来评定	好						
		一般						
		还须努力						
知识与技能	知道一些锻炼常识，会做简单的组合动作并能说出见到的动作的术语	能						
		一般						
		还须努力						
学习态度	能积极参与体育活动，主动学习与练习	积极						
		一般						
		还须努力						
合作精神	能与同伴在活动中友好合作	能						
		一般						
		还须努力						
情意表现	有自信心和克服困难的意识	有						
		一般						
		还须努力						

由表 3-10 可知，体能与身体健康和运动技能密切相关；知识与技能是指让学生学习运动知识，学习和应用运动技能；学习态度是学生积极参与体育活动的表现；合作精神是指学生在运动中建立和谐的人际关系的能力；情意表现包括学生在运动中的情绪、自信心和意志表现。在体育课程教学中对学生体能、知识与技能、学习态度、合作精神、情意表现进行综合评价，目的是促进学生学科核心素养的形成和发展。

二、美国体育课程学生学习评价的内容

关于美国体育课程学生学习评价的内容，坎特斯（Kanters）等人提出，评价的内容包括健康概念知识、独立进行体育锻炼的能力、身体活动水平、健康测试、健康技能应用、努力程度与进步 6 个方面。其中，健康测试、健康技能应用、努力程度与进步占比最大。由此可见，美国重视学生的体育活动态度和努力程度[1]。韦斯等人指出，应从健康测试、运动技能表现等方面来获得主观和客观的评价，从而让体育教师了解学生的体育课堂活动情况[2]。2013 年，美国国家体育课程标准对义务教育阶段体育课程内容进行了详细的归类，主要包括户外运动、体能运动、舞蹈与节奏运动、水上运动、个人表现型运动、球类运动、终身运动 7 个项目类别，具体内容如表 3-11 所示。

① KANTERS M A，BOCARRO J N，FILARDO M，et al. Shared use of school facilities with community organizations and after-school physical activity program participation：a cost-benefit assessment[J]. Journal of school health，2014，84（5）：302-309.

② WEISS M R，BOLTER N D，KIPP L E. Assessing impact of physical activity-based youth development programs：validation of the Life Skills Transfer Survey（LSTS）[J]. Research quarterly for exercise and sport，2014，85（3）：263-278.

表3–11 美国义务教育阶段体育课程具体内容[①]

项目类别	体育课程具体内容
户外运动	划船、徒步或背包旅行、垂钓、定向越野、滑板运动、滑冰、滑雪、攀岩、山地自行车等
体能运动	瑜伽、普拉提、抗阻训练、动感单车、跑步、搏击操、健身舞等
舞蹈与节奏运动	芭蕾、摩登舞、民族舞、街舞、拉丁舞、国标舞、社交和广场舞等
水上运动	游泳、潜水、花样游泳、水球运动
个人表现型运动	体操、花样滑冰、田径、全能运动、轮滑、摔跤等
球类运动	同场对抗类运动（足球、篮球、橄榄球、手球、曲棍球），隔网对抗类运动（羽毛球、网球、排球、桌球），击打防守类运动（棒球、垒球、板球），靶类运动（高尔夫、保龄球、木球）
终身运动	户外项目、个人选择的表现型运动、水上运动、网墙类运动、靶类运动

美国义务教育阶段学校体育课程教学内容每一类别都有对应的具体学习内容。学校根据学生的年龄阶段安排相应的教学内容。美国从5个方面对体育课程学生学习进行评价，即健康概念知识、健康测试、身体活动的努力程度、健康技能应用、对身体活动的态度[②]。

美国学校根据学生身心发展规律把义务教育阶段的学习分为3个阶段，每一阶段都有相应的评价内容及要求。

① 殷荣宾，季浏，蔡赓. 美国K–12年级学校体育课程内容体系解析及启示[J]. 体育学刊，2016：23（3）：94–99.

② SHAPE AMERICA. National standards & grade-level outcomes for K–12 physical education [M]. Champaign：Human Kinetics，2014.

幼儿教育和小学教育阶段（幼儿园至 5 年级）为第一阶段，体育课程教学的内容主要包括运动技能、舞蹈、体操等。这一阶段的主要任务是打基础，让学生了解运动的概念，体验运动，进行基本的体育课程学习，为将来进一步的体育课程学习打下一定的基础。这一阶段的评价内容以健康概念知识、对身体活动的态度为主，教师通过评价了解学生体育课程的学习情况和身体健康状况。

初中阶段（6 至 8 年级）为第二阶段，这一阶段的体育课程教学内容难度逐渐加大，包括户外运动、舞蹈与节奏运动、水上运动、个人表现型运动和球类运动。这一阶段体育课程教学的主要任务是为学生提供各种参与运动的机会，在学生掌握基本运动技能的基础上让学生学习更多的运动项目，并引导学生根据自己的喜好和身体素质发现适合自己的运动。这一阶段是从了解基本运动技能到掌握基本运动技能的过渡阶段，所以评价内容以健康技能运用、身体活动的努力程度和对身体活动的态度为主。

高中阶段（9 至 12 年级）为第三阶段，这一阶段的主要任务是让学生熟练掌握自己喜欢的运动，并将其运用到比赛或课外体育活动中。这一阶段，教师在进行体育课程教学时要注重运动兴趣与性别的关系，如高中阶段的女生喜欢健身和舞蹈之类的运动。高中阶段的体育课程教学以符合所有学生的体能和实现个人终身运动的目标为主，注重学生根据运动兴趣选择的个性化专项运动，以及发展学生的运动技能专长，所以该阶段的评价内容以健康技能应用和对身体活动的态度为主。

三、中美两国体育课程学生学习评价内容的比较与启示

体育课程学生学习评价内容可以真实地反映学生体育课程的学习情况，促进学生的全面发展。表 3－12 是对中美两国体育课程学

生学习评价内容的比较。

表 3–12   中美两国体育课程学生学习评价内容的比较

国家	中国	美国
体育课程学生学习评价内容	1. 体能 2. 知识与技能 3. 态度与参与 4. 情意与合作	1. 健康概念知识 2. 健康测试 3. 身体活动的努力程度 4. 健康技能应用 5. 对身体活动的态度

由表 3–12 可知，我国体育课程学生学习评价的内容主要包括 4 个方面：体能、知识与技能、态度与参与、情意与合作。美国体育课程学生学习评价的内容包括 5 个方面：健康概念知识、健康测试、身体活动的努力程度、健康技能应用和对身体活动的态度。

中美两国体育课程学生学习评价内容的相同点是：中美两国都注重学生对知识与技能的掌握及运用。不同点是：中国在发展学生体能的基础上促进知识与技能、态度与参与、情意与合作的共同发展，而美国以学生的健康概念知识为基础，重视学生对身体活动的态度和对健康技能的应用，并结合学生的基础及身体活动的努力程度进行评价，同时重视通过健康测试来检验学习效果。

由此可见，中美两国在体育课程学生学习评价内容上各有特点。我国体育课程学生学习评价注重态度与参与、情意与合作，评价范围更加全面；美国体育课程学生学习评价强调健康技能的运用，让学生不局限于"为考而学"，而要把平时在体育课上学习的技能运用到课外体育活动或者比赛中去。

第七节 中国与美国体育课程学生 学习评价方法的比较

一、中国体育课程学生学习评价的方法

我国多位研究者对体育课程学生学习评价的方法进行了阐述。鲍飞认为，在进行体育课程学生学习评价时，应采取定量评价与定性评价、终结性评价与形成性评价、绝对评价与相对评价相结合的评价方法，多元化的评价方法有助于促进学生的整体发展①。李娜认为，教师和学生对于定量评价与定性评价相结合、终结性评价与形成性评价相结合的评价方法具有较高的认可度，这样的评价方法在一定程度上考虑到了学生的个体差异，学生对评价的结果满意，学习兴趣在一定程度上得到了提高②。在新课程背景下，我国强调多元的体育课程学生学习评价方法，体育课程学生学习评价开始由过去单一地使用定量评价、终结性评价和绝对评价转变为定量评价与定性评价相结合、终结性评价与形成性评价相结合、绝对评价与相对评价相结合。

（一）定量评价与定性评价相结合

为了促进学生德、智、体、美、劳全面发展，我国体育课程教学的目标包括让学生通过对课程的学习，掌握体育与健康的基础知识、基本技能与方法，增强体能；学会学习和锻炼，进行体育与健

---

① 鲍飞. 中国美国体育课程标准的比较研究[D]. 临汾：山西师范大学，2017.

② 李娜. 四川省成都市武侯区初中体育与健康课程学习评价的调查研究[D]. 成都：成都体育学院，2017.

康实践，发展创新能力；体验运动的乐趣和成功，养成参加体育锻炼的习惯等①。因此，根据《义务教育体育与健康课程标准（2011年版）》的要求，在体育课程教学实践中，教师应采用定量评价与定性评价相结合的方法，对学生的体育课程学习情况进行全面、综合的评价。

定量评价与定性评价相结合主要表现在 2 个方面。第一，为了综合评价学生的学习态度、情感、能力和学习结果，对能量化的因素进行定量，采用等级评价。第二，结合评语式的定性评价，检验学生在"质"的方面的发展结果与教育目标之间的一致性，如表 3–13 所示。

表 3–13 各阶段体育课程学生学习评价方法

水平一 （1～2 年级）	水平二 （3～4 年级）	水平三 （5～6 年级）	水平四 （7～9 年级）
评语式评价	评语式评价和等级评价相结合的综合评价（以评语式评价为主）		等级评价与评语式评价相结合的综合评价（以等级评价为主）

根据学生年龄和身心发展的特点，我国把义务教育阶段分为 4 个水平。由表 3–13 可知，水平一为 1～2 年级，该阶段采用的评价方法是评语式评价；水平二和水平三（3～6 年级）采用的评价方法一致，即评语式评价和等级评价相结合，以评语式评价为主；水平四为 7～9 年级，评价方法以等级评价为主，并提倡等级评价与评语式评价相结合，其中等级评价应在定量的基础上进行，以淡化评价的鉴定与甄别功能。

在对体育课程学生学习进行定性评价时，评语式评价是关键。

① 中华人民共和国教育部. 义务教育体育与健康课程标准：2011 年版 [M]. 北京：北京师范大学出版社，2012.

为了促进师生之间的交流，使评语发挥反馈、激励的功能，教师的语言应简练、中肯、公平、有重点，让学生保持积极向上的学习心态。

（二）终结性评价与形成性评价相结合

在新课程背景下，学生学习的过程更受重视，对学生体育课程学习进行评价有助于检验学生的学习态度，创新精神，以及发现问题和解决问题的能力，所以进行体育课程学生学习评价要注重多种方法相结合，也就是终结性评价与形成性评价相结合。

终结性评价一般是在学期或学年结束时，判断学生学习效果的评价。终结性评价不仅是对学生学习效果的分析，也用于教师对自己阶段性教学质量的总结和比较，这种评价主要以体育成绩评定的方式进行。

由表 3–14 可知，终结性评价是体育态度、体育知识、运动素质和运动技能 4 个方面的定量评价加主观评定的评价方法，定量评价包括出勤统计、知识考试、素质测验、技能考试，用于了解每个学生的学习情况。

表 3–14　以学生体育成绩作为结果的评价方法（以 100 分制为例）[1]

方面	分值	评分方法
体育态度	10	出勤统计+主观评定
体育知识	20	知识考试+主观评定
运动素质	40	素质测验+主观评定
运动技能	30	技能考试+主观评定

形成性评价是指在体育课程教学过程中，教师为了及时了解学

---

[1] 毛振明. 体育教学论[M]. 2 版. 北京：高等教育出版社，2011.

生的学习情况，明确教学中存在的问题，及时修改或调整教学计划，以达到理想的教学效果所做的评价。形成性评价的内容包括学生的学习目标、参与程度、拼搏精神和学习效果等，主要评价方法有表扬、批评、鼓励等，经常采用的评价手段包括口头指示、手势、眼神、问卷、技能小测验、简短评语等，具体如表3-15所示。

表3-15　教师对学生学习的形成性评价的内容、方法和手段

类别	学习过程中的激励评价
评价内容	学生的学习目标、参与程度、拼搏精神和学习效果等
评价方法	表扬、批评、鼓励等
评价手段	口头指示、手势、眼神、问卷、技能小测验、简短评语等

对学生体育课程的学习情况采取实用性较强的形成性评价方法，在一定程度上有助于判断和测评学生对体育知识、运动技能、锻炼身体的方法等的掌握情况。

（三）绝对评价与相对评价相结合

相对评价根据学生的进步进行判断，是注重个体发展的评价。传统的体育课程学生学习评价重视绝对评价，强调指标数量的绝对化，但这导致了评价的片面性，并且伤害了学生学习体育课程的积极性。因此，我国教育相关人士对绝对评价进行了反思，用绝对评价与相对评价相结合的方法来对学生进行评价，减少对学生学习成绩的横向比较，注重结果的纵向比较[①]，最终使每个学生都能看到自己的进步，体验到成功的乐趣。

相对评价注重学生的进步与发展，在体育教学实践中具体表现

---

① 刘顺超. 新课程标准下体育教学评价问题探析[J]. 商洛学院学报，2008，22（5）：76-80.

为：在学生刚入校时，体育教师使用诊断性评价建立一套体育课程学生学习评价档案，评价内容包括体能、体育知识与技能等，作为入学时的起点成绩。经过一学期的学习，将学生在学期结束时的评价和学期开始时的评价进行对比，发现学生在一学期的体育课程学习中的进步情况，让学生感受到学习带来的乐趣。

综上所述，我国体育课程学生学习评价强调定量评价与定性评价相结合、终结性评价与形成性评价相结合、绝对评价与相对评价相结合的多元评价方法。采用多元评价方法进行体育课程学生学习评价有利于激发每个学生对体育的兴趣、激励学生不断学习，从而促进学生的发展。此外，采用多元评价方法可以帮助学生了解他们体育课程学习的进步轨迹，帮助学生形成积极向上的价值观，有利于更好地发挥体育的教育功能。

二、美国体育课程学生学习评价的方法

有研究者对美国体育课程学生学习评价的方法进行了阐述。张细谦等人提出，美国体育课程学生学习评价强调定量评价与形成性评价，这种评价方式有助于及时发现学生在学习中存在的问题，从而实现对学习的有效控制[①]。相关研究发现，美国体育课程学生学习评价注重定量评价、形成性评价、情境性评价，利用多种评价工具，建立学生的个人体育课程学习档案，以便为后续教学提供帮助。美国《K–12 体育教育国家标准和年级水平成果》还提出创建或选择评价的步骤来帮助体育教师寻找最合适的评价方法，具体如表 3–16 所示。

---

① 张细谦，曾怀光，韩晓东. 中日美体育学习评价的比较[J]. 体育学刊，2001，8（6）：80–83.

表 3-16　创建或选择评价的步骤①

步骤	内容
第一步	对测量的结果或任务进行评估
第二步	观察学生的行为，以确定评价方案
第三步	确定评价方案之后，教师选一组学生进行试评
第四步	基于试评结果对评价方案进行修订，并建立数据采集系统

基于现代教育观念，美国的体育课程学生学习评价方法强调使用多种评价方法，主要表现为注重定量评价、注重形成性评价、注重情境性评价，从而体现评价方法的多元性和可操作性。

（一）注重定量评价

基于科学主义精神，美国在体育课程学生学习评价中注重定量评价的运用。为了有效地评价学习效果，美国一些学校编制了多种评价量表，在一定程度上提高了评价的精确性。

编制评价量表要注意以下几点。首先，评价量表要具有便利性，用符号（如"+""-"）来标记不同学生的表现；其次，评价量表不能囊括所有的评价内容，而要体现所评价内容的核心要素，使评价的结果更有说服力；最后，由于学生身心发展具有阶段性，在设计评价量表时要注重学生的年龄段特点，如在对运动量的测试中，对小学生评价采用"小兔子跑""乌龟跑"等词汇量化负荷指标，并结合观察法了解学生的身体负荷（呼吸、出汗等）。美国在体育课程学生学习评价中注重定量评价，并根据学生身心发展的特点和年龄采

---

① SHAPE AMERICA. National standards & grade-level outcomes for K-12 physical education [M]. Champaign：Human Kinetics，2014.

用多种考核手段，体现了定量评价的科学性和可操作性。

评价量表和清单类似，只是在一定程度上增加了一些内容，以确定哪一类运动行为符合标准。定量评价通过对每个水平标准进行评价来完成。大部分评价量表涉及 3～5 个运动水平，随着评价量表上运动水平数量的增加，各水平之间的区别逐渐缩小。

美国学校常用的评价量表还包括段落描述，用来鉴定每个等级的标准行为。例如，等级 1～4 可以被用于衡量每个项目，其中等级 1 代表低水平表现，等级 4 代表高水平表现，通过对每个等级的标准行为进行描述，水平被区分开来。美国《K–12 体育教育不同阶段学习成绩国家标准》要求教师对每个等级的可观察行为进行描述和鉴定，具体如表 3–17 所示。

表 3–17 描述性评价量表示例①

评定等级	评价内容	结果说明
等级 1	学生在团体活动中注意力不集中或者不能听取别人的意见，并且不能为团队成员提供言语或者非言语鼓励。学生在团体活动中从不提出建议并且对为团体做贡献不感兴趣。学生在团体活动中的参与度有限，通常使团队很难获得成功	在解决问题时与多个同学合作，包括探索冒险活动、团体积极性活动和实战演练
等级 2	学生可以听取其他人的意见并提供非言语鼓励（如微笑或者击掌）。学生会提出建议，但是只有在团队接受建议后才进行合作。学生参与所有团体活动但是在活动中没有激情，仅对团队的成功做少许贡献。学生在团队中仅在扮演自我选择的角色时承担责任	
等级 3	学生在团体活动中能听取他人的意见，用口头和非口头交流来鼓励他人。学生为团队提出适量建议来提升团队的效率，愿意倾听他人的意愿。学生在团队里扮演很多角色并承担责任	

---

① SHAPE AMERICA. National standards & grade-level outcomes for K–12 physical education [M]. Illinois：Human Kinetics，2014.

续表

评定等级	评价内容	结果说明
等级 4	学生在团体活动中能听取他人的意见，可以和他人进行口头（如"干得漂亮""好主意"）或非口头（如击掌或微笑）的交流。学生给团队提出通常能接受的建议，以提升团队的效率，并倾听他人的意愿。学生会组织他人参与活动，并在团队中扮演很多角色来承担责任，展现领导能力	在解决问题时与多个同学合作，包括探索冒险活动、团体积极性活动和实战演练

以上两种定量评价方法将选择教学评价内容的权力赋予了教师和学生，充分遵循了教学评价内容选择的主体性原则。这种定量评价方法比较便捷，便于教师因材施教，体现了定量评价的科学性和可操作性。

（二）注重形成性评价

为了使所有学生都受到良好的体育教育，评价必须强调体育教师的"教"和每个学生的"学"。美国体育课程学生学习评价普遍采用形成性评价，强调提高教学质量。通常情况下，学生学习一项运动技术，教师都会在学生学习过程中进行相应的评价，形成性评价有利于教师判断不同学生的进步程度，及时掌握学生的学习情况，从而因材施教。由于形成性评价涉及的评价内容较多，学生自我评价是主要的评价手段，如学生自己写出运动技术的要领，对照量化指标，同时结合教师评价、学生互评及课后对学习效果的诊断性评价。以上方法可以对学生学习效果进行综合评价，从而促进学生发展。

由此可见，在体育课程教学中采用形成性评价，有助于及时将评价结果反馈给教师和学生，从而对教师的"教"和学生的"学"

进行有效的控制，在一定程度上提高学生学习体育课程的效率，并提高教学质量。

（三）注重情境性评价

评价理念的不同导致了体育课程学生学习评价方法的差异。美国强调"学习运动技能就是为了比赛"，对基本技术、战术和比赛能力的评价都是在具体比赛情境中进行的。体育课程学生学习评价结合不同年龄段学生的特点，提出相应的应该掌握的具体技术要求；结合比赛能力并通过观察，为不同年龄段的学生设计相应的评价量表，对学生基本技术、战术和比赛能力进行综合评价。这种评价方式不是让学生单纯地学习技术或战术，而是让学生在掌握技术和战术后进行运用[①]。情境性评价有利于教师有效地结合技术动作进行教学，促进学生掌握技术，提高学生运用技术动作的能力。

情境性评价是对学生技术动作、技术运用能力与配合能力进行综合评价的方法。这种评价方法摆脱了传统的"为考而学"的模式，有利于提高学生技术和战术的运用能力。

三、中美两国体育课程学生学习评价方法的比较与启示

表 3–18 是对中美两国体育课程学生学习评价方法的比较。

表 3–18　中美两国体育课程学生学习评价方法的比较

国家	中国	美国
体育课程学生学习评价方法	1. 定量评价与定性评价相结合 2. 终结性评价与形成性评价相结合 3. 绝对评价与相对评价相结合	1. 注重定量评价 2. 注重形成性评价 3. 注重情境性评价

---

① 葛耀君，朱江华. 美国中小学体育教学评价与启示[J]. 体育教学，2016，36（7）：51–53.

由表 3-18 可知，我国体育课程学生学习评价注重定量评价与定性评价相结合、终结性评价与形成性评价相结合、绝对评价与相对评价相结合的多元评价方法，美国体育课程学生学习评价注重定量评价、形成性评价和情境性评价。

中美两国体育课程学生学习评价方法的相同点是：都考虑到了学生年龄发展的阶段性特点，根据不同年龄段学生的特点对各评价方法提出了相应的要求。不同点是：我国体育课程学生学习评价注重多元评价方法的结合，而美国体育课程学生学习评价注重定量评价、形成性评价和情境性评价。

由此可见，随着国家对学生体育实践能力的重视程度越来越高，我国在评价方法上可以增加情境性评价，将学生的运动技术运用能力纳入评价范畴，这有助于学生将掌握的运动技能运用于体育活动，对培养学生的运动兴趣具有促进作用。

第八节 中国与美国体育课程学生学习评价标准的比较

一、中国体育课程学生学习评价的标准

体育课程学生学习评价标准是衡量体育课程学习效果是否达到指标的具体依据和准则，对体育课程学生学习评价具有重要的影响。我国传统的体育课程学生学习评价运用的是全国统一实施的评价标准，如《国家体育锻炼标准》《中学生体育合格标准》《小学生体育合格标准》等。这些评价标准的制定和实施在一定程度

上增强了学生的体质，培养了学生自觉参加体育运动的习惯，促进了学校体育工作的开展。体育课程学生学习评价标准具体包括以下2个方面。

第一，目标参照评价标准。目标参照评价标准是把个人的学习成绩与教学目标进行比较，看个人的成绩是否达到教学目标的要求。在此以篮球运动中投篮技术评价标准为例进行说明（表3–19）。

表3–19　篮球运动中投篮技术评价标准示例

阶段	评价标准
第一阶段： 徒手模仿原地投篮动作	1. 明确投篮技术的概念 2. 徒手模仿原地投篮动作，上下肢协调配合
第二阶段： 原地持球对墙投篮	1. 持球方法正确，用力合理协调，能够控制重心 2. 投篮落点有60%的准确率，并能注意到投篮弧线的变化
第三阶段： 投篮技术的完整练习	1. 能够从不同的投篮距离正确完成投篮动作 2. 能够从不同的投篮角度正确完成投篮动作

由表3–19可知，投篮技术的每个阶段都有具体的技术标准，如果学生没有达到规定的技术标准就需要反复练习，以达到要求。目标参照评价标准有助于教师判断学生的学习进展情况，并及时给学生反馈。

第二，常模参照评价标准。常模参照评价标准是衡量学生完成教学任务的程度和鉴别学生不同能力水平的标准。在此以运动技能评价标准为例进行说明（表3–20）。

表 3–20　运动技能评价标准示例

分数	评价标准	说明
90～100	完成动作质量好，姿势非常正确，部位非常准确，动作轻松、自然、协调	根据可视程度不同适当评出各分数段之间的差异
75～89	完成动作质量较好，姿势正确，部位准确，动作较轻松、自然、协调	
60～74	能完成动作，姿势基本正确，部位基本准确，动作不够轻松、自然、协调	
60 以下	不能完成动作，姿势不正确，部位不准确，动作紧张、不协调	

由表 3–20 可知，教师进行运动技能评价时以完成动作质量的差异来确定分数，根据可视程度不同适当评出各分数段之间的差异。由以上示例可知，常模参照评价标准能够反映个人能力和水平的差别。

综上所述，我国体育课程学生学习评价注重建立全面、科学、合理、有效的评价标准，常用目标参照评价标准和常模参照评价标准，注重评价结果的客观性、准确性和有效性。

二、美国体育课程学生学习评价的标准

美国在制定体育课程学生学习评价标准时并不是一味地遵循某一特定的标准，而是通过多种方式的综合，全面反映学生的水平，以便教师更好地进行指导。美国体育课程学生学习评价标准主要包括标准参照评价和常模参照评价。

第一，标准参照评价。美国在体育课程学生学习评价中，注重运用对学生学习过程进行评价的标准参照评价工具（如检查表、等级评分表或评价量表等）。在此，以美国 3 年级学生篮球接球练习评价标准为例进行说明，具体如表 3–21 所示。

表3-21 美国3年级学生篮球接球练习评价标准示例

评价内容	动作是否符合标准	
球到手之前一直盯着球看	是	否
手往前伸来接球	是	否
双手朝下，在腰部以上接球	是	否
双手朝上，在腰部及以下接球	是	否
仅用手接球	是	否
接到球时把球搂到怀里	是	否

由表3-21可知，美国在对3年级学生篮球接球练习进行评价时只设置了"是"和"否"选项。首先，教师能判断出学生的动作是否符合动作的评价标准；其次，这种评价方式便于教师在清单中找到评价结果。标准参照评价能让教师更方便地了解学生的学习情况，并给出相应的反馈。

第二，常模参照评价。常模参照评价用于评价学生能否明白、描述并应用体育课程的学习内容，从而得知学生的学习情况。在此，以美国2年级、5年级、8年级和高中的常模参照评价为例进行说明，具体如表3-22所示。

表3-22 美国2年级、5年级、8年级、高中的常模参照评价示例

年级	评价标准	动作是否符合标准	
2年级	懂得提高平衡能力的方法	是	否
	懂得节省力气的方法	是	否
5年级	描述基本技能的关键要素	是	否
	描述力量产生的方式	是	否

续表

年级	评价标准	动作是否符合标准	
8 年级	分析如何提高技术水平	是	否
	分析体能在运动中的作用	是	否
高中	能够制订有关进攻、防守、得分等的高级运动策略	是	否
	能够运用动作技能的概念制订、解释练习计划	是	否

由表 3-22 可知，每个年级都有运动技能完成的标准，以判断学生的学习情况是否符合要求。评价标准简便、容易理解和操作，能充分反映学生的学习情况，有助于教师评价和学生自评、互评，也有助于调动学生学习的积极性，促进学生对体育课程的学习。

三、中美两国体育课程学生学习评价标准的比较与启示

体育课程学生学习评价标准是根据学生体育课程学习情况制订的详细计划及相应的结果指标，可以帮助学生掌握体育知识和培养运动技能，在一定程度上也能引导学生在体育课程学习中形成积极的情感、态度和正确的价值观。表 3-23 是对中美两国体育课程学生学习评价标准的比较。

表 3-23 中美两国体育课程学生学习评价标准的比较

国家	中国	美国
体育课程学生学习评价标准	1. 目标参照评价标准 2. 常模参照评价标准	1. 标准参照评价 2. 常模参照评价

如表 3-23 所示，我国体育课程学生学习评价标准包括目标参照评价标准和常模参照评价标准 2 个方面，美国体育课程学生学习评价标准包括标准参照评价和常模参照评价 2 个方面。

中美两国体育课程学生学习评价标准的相同点是：都用参照评价标准来衡量学生的个人能力和水平。不同点是：我国体育课程学生学习评价通过目标参照和常模参照确定，如果学生没有达到评价标准，就要反复练习；而美国体育课程学生学习评价通过标准参照评价工具和常模参照评价工具确定，明确列出了学习表现的每一项评价标准来进行评分指引，如检查表、等级评分表或评价量表等，以便教师和学生根据评价情境灵活选用。

由此可见，中美两国在体育课程学生学习评价标准上各有特点，我国体育课程学生学习评价标准所确定的等级要求反映了学习质变过程中量的规定性，美国体育课程学生学习评价标准重视"工具化"。为了促进体育课程学生学习评价的发展，结合体育教学实际，教师在进行体育课程学生学习评价时可以根据学生的情况和评价情境灵活选用评价工具。

第九节　中国与美国体育课程学生学习评价参与主体的比较

一、中国体育课程学生学习评价的参与主体

关于体育课程学生学习评价的参与主体，我国一些研究者进行了阐述。凌齐鸣认为，在体育课程学生学习评价参与主体的形式

上，既要有教师从外部对学生进行评价，又要有学生对自己的学习情况进行评价，以及学生的相互评价，从而使评价结果更全面①。薛晓东认为，在对学生进行评价时，要以体育教师的评价为主，并将学生本人或学生之间的评价作为重要参考，通过不同的评价主体来提高评价结果的客观程度②。李娜认为，根据多元智能理论的评价模式，在体育课程学生学习评价中，评价主体包括教师、学生及其他主体，这不仅体现了新课程背景下教师主导性、学生主体性的特点，还使评价的结果更全面、客观③。

首先，教师是学生学习评价的参与主体。教师在进行体育课程学生学习评价时，主要根据学生的体育课程行为表现、学习结果，结合学生自评和同伴互评结果进行综合评价④。教师评价可以让学生在更深层次上了解自己的体育课程学习情况，为提高学生体育课程学习能力提供更广阔的思路。表 3–24 是教师用体育课程学生学习评价表示例。

表 3–24　教师用体育课程学生学习评价表示例

学号	姓名	学期	学习态度与行为表现	知识运用与技能掌握	体能		情感与意志表现	交往与合作意识
					成绩	等级		

---

① 凌齐鸣. 中学体育课程的学习评价研究[D]. 长沙：湖南师范大学，2004.

② 薛晓东. 中小学体育与健康课程多元化体育学习评价的操作性构想[D]. 南京：南京师范大学，2012.

③ 李娜. 四川省成都市武侯区初中体育与健康课程学习评价的调查研究[D]. 成都：成都体育学院，2017.

④ 吴骥. 新课程背景下体育学习评价研究综述[J]. 湖北体育科技，2013：32（5）：448–449.

由表 3–24 可知，教师作为学生学习评价的参与主体，根据评价的内容以等级进行评价。每学年分上、下两个学期进行评价，等级评价一般分为好、较好、一般等级别，也可以结合学生特长、成绩、进步情况写出激励性评语，为学生学习体育知识、运动技能、体育锻炼方法，以及发展体能提供有效的帮助。

其次，学生也是评价的参与主体。《义务教育体育与健康课程标准（2011 年版）》对体育课程学生学习评价主体提出了新的要求，由过去把学生置于被动地位转变成学生在体育课程学生学习评价中占主体地位。学生主体地位的确定对现代教育思想起着重要的作用，为提高人的素质、培养创新能力奠定了基础[①]。让学生参与体育课程评价充分体现了学生的主体地位。表 3–25 是学生进行自我评价的内容、方法及手段示例。

表 3–25　学生进行自我评价的内容、方法及手段示例[②]

类别	学生自我评价
评价内容	学习目标、参与程度、拼搏精神、学习效果等
评价方法	自省、自评、自我反馈、自我暗示等
评价手段	目标回顾、学习卡片、成绩前后对比、行为反思等

由表 3–25 可知，学生自我评价的方法主要有自省、自评、自我反馈、自我暗示等。尽管可能会出现偏差，学生进行自我评价有助于了解自己体育课程学习的情况。自我评价作为一种学习性和形成性评价，与功利性相分离，有助于学生更好地认识自己，找出自己

---

① 中华人民共和国教育部. 义务教育体育与健康课程标准：2011 年版 [M]. 北京：北京师范大学出版社，2012.

② 毛振明. 体育教学论[M]. 2 版. 北京：高等教育出版社，2011.

的不足，从而促进自己的学习。学生作为参与主体的评价方式除了自我评价，还包括学生相互评价。表 3–26 是学生相互评价的内容、方法及手段示例。

表 3–26 学生相互评价的内容、方法及手段示例①

类别	学生相互评价
评价内容	同伴的学习目标、参与程度、拼搏精神和学习效果等
评价方法	互评、互议、学习同伴的优点、指出同伴的不足等
评价手段	观察、记录卡片、课堂讨论

引导学生进行相互评价，能有效地提高学生正确认识自己和评价他人的能力，让学生找出自己的不足和与同伴之间的差距，从而使学习更有动力。但是要注意，应围绕相互帮助和解决问题进行相互评价，评价要与功利相分离，这样评价的结果才更准确、客观。让学生参与到体育课程学生学习评价中，不仅能减少体育教师的工作量，还能保证体育课程学生学习评价的准确性及公正性，对于激发学生对体育课程学习的兴趣、提高学生对体育课程学习的积极性起着重要的作用。

最后，家长或者其他人也可作为学生学习评价的参与主体。除了学生和教师作为主体参与体育课程学生学习评价，还可以让家长或者其他有助于学生发展的主体参与到评价中。不同角度、不同主体的评价能提高体育课程学生学习评价的全面性②。当学生不在课堂上或在校外时，教师对学生的体育活动情况了解得不太全面。这时，

① 毛振明. 体育教学论[M]. 2 版. 北京：高等教育出版社，2011.

② 吴骥. 新课程背景下体育学习评价研究综述[J]. 湖北体育科技，2013，32（5）：448–449.

通过定期与家长联系，教师能够了解学生的课外体育活动及学习情况，更好地进行评价，还有助于学生养成定期参加体育锻炼的习惯。家长参与体育课程学生学习评价在一定程度上加强了与学校的沟通，实现了家校合作。

综上所述，我国体育课程学生学习评价的参与主体主要包括教师、学生和家长等。多种主体参与评价的方式有助于促进我国体育课程学生学习评价的发展。

二、美国体育课程学生学习评价的参与主体

美国在体育课程学生学习评价的参与主体方面要求多元化合作与参与。美国最佳体适能教育计划提出，在评价主体上倡导自我评价、同伴参与评价、教师对学生的评价，从而更好地反映学生的学习情况[1]。希尔（Hill）等人指出，美国体育课程学生学习评价强调自我评价、同伴评价和教师评价，这种多元主体参与的评价方式为教师提供了有效的反馈信息，有利于教师帮助学生改进学习方式[2]。豪泽等人在文中指出，为了体现体育课程学生学习评价的准确性，学校提倡在进行体育课程学生学习评价时，让同学、校长、家长也参与到评价中来[3]。相关研究显示，美国体育课程学生学习评价参与主体包括学生、教师，以及学生和教师之外的角色，他们代表了不同的立场和角度，对体育课程学生学习评价发挥着必要和重要的作用。

---

① 张细谦，曾怀光，韩晓东. 中日美体育学习评价的比较[J]. 体育学刊，2001，8（6）：80–83.

② HILL G M，MILLER T A. A comparison of peer and teacher assessment of students' physical fitness performance[J]. The physical educator，1997，54（1）：40.

③ HOUSER C，CAHILL A，LEMMONS K. Assessment of student and faculty mentor perceptions of an international undergraduate research program in physical geography[J]. Journal of geography in higher education，2014，38（4）：582–594.

首先是以教师为评价参与主体。虽然美国在体育课程学生学习评价中鼓励评价主体多元化，但教师在学校层面扮演着最主要的评价者的角色。教师的专业水平和体育知识与技能传授者的角色是体育课程学生学习评价的重中之重。教师作为教育专业人员、学生的管理者和领导者，从教育质量、学生的学习情况和专业素养的角度综合评价学生的学习情况和发展空间，并给予专业指导。综合多种立场和角度，教师在体育课程学生学习评价中发挥着关键的作用。教师可以使用检查表、评分表来评估学生的表现。此外，教师还可以在教室或者体育馆使用录像或 DVD 等来评估学生的表现和行为。

　　其次是以学生为评价参与主体。学生作为政策实施对象及自身利益的发声者，在政策制定和修改的过程中都应得到充分的尊重和重视[①]。在参与评价的过程中，学生拥有主动权，应当将自己的主观意见和学习情况通过评价传递给教师，这对他们的成长和发展都起着重要的作用。学生作为评价参与主体的方式包括学生自评和同伴互评。在此，以 6～8 年级学生篮球水平同伴评价作为示例（表 3–27）。

表 3–27　6～8 年级学生篮球水平同伴评价示例

动作	同伴 1	同伴 2
持球平衡——持球时手放在球的后方和下方		
眼睛瞄准目标，膝关节屈曲		
球出手时伸直腿和手臂		
肘部向外，向前推球		
两手背相对，拇指朝下		

　　注：如果同伴没能正确地做出某一个动作，请打"×"。

---

① RINK J，JONES L，KIRBY K，et al. Teacher perceptions of a physical education statewide assessment program[J]. Research quarterly for exercise and sport，2007，78（3）：204–215.

由表 3–27 可知，同伴评价可以让学生领悟每次投篮、传球或运球时的技术动作要点。

最后是以其他人员为评价参与主体。除了学生和教师，美国体育课程学生学习评价还倡导让其他主体参与到评价过程中来。其他主体包括一切有助于学生发展的主体，如家长、教辅人员等[①]。

教师和学生作为参与主体是根据课堂结果进行评价的，而其他主体可根据对学生课外活动和对学生本人的了解进行评价。其他主体的评价有助于教师更全面地了解学生的体育课程学习情况，并且从不同角度、以不同身份作出的评价更加准确。不同主体参与评价，角度不同、身份不同，评价的结果也不同，这对今后教师的体育课程教学和学生的学习与成长都具有指导作用。

综上所述，美国体育课程学生学习评价参与主体主要包括学生、教师和其他人员，他们从不同的角度了解学生的体育课程学习情况，作出的评价更加客观、准确。

三、中美两国体育课程学生学习评价参与主体的比较与启示

表 3–28 是对中美两国体育课程学生学习评价参与主体的比较。

表 3–28 中美两国体育课程学生学习评价参与主体的比较

国家	中国	美国
体育课程学生学习评价参与主体	1. 教师作为主体 2. 学生作为主体 3. 家长或者其他人员作为主体	1. 教师作为主体 2. 学生作为主体 3. 其他人员作为主体

---

① MARS V D H，TIMKEN G，MCNAMEE J B. Systematic observation of formal assessment of students by teachers（SOFAST）[J]. The physical educator，2018，75（3）：341–373.

由表 3-28 可知，中美两国体育课程学生学习评价的参与主体相同，都包括学生、教师和其他人员。在教师作为参与主体方面，中美两国情况大致相似，教师在体育课程学生学习评价中起着主导作用，根据学生在课堂中的表现，运用专业知识从各种角度对学生的体育课程学习作出公平公正的评价。教师评价可以帮助学生提高体育课程的学习成绩。在学生作为参与主体方面，中美两国都强调让学生参与到评价中来，以便让学生更清楚地了解自己体育课程的学习情况，激发学生对体育课程的学习兴趣，提高学生学习体育课程的积极性，对学生的成长和发展起着重要的作用。在其他人员作为参与主体方面，中美两国都倡导让有助于学生发展的主体参与到评价中来，他们可以根据学生课外体育活动的表现对学生进行评价，最终让教师更全面地了解学生的学习情况，在更深层次上提高学生体育课程学习的质量。这些都说明学生作为主体、教师作为主体和其他人员作为主体参与评价能促进学生的全面发展，让体育课程学生学习评价最大程度地发挥作用。

第四章

学生综合素质评价：小学生足球课程学习综合评价指标体系研究专题

第一节 小学生足球课程学习综合评价指标体系研究的依据

一、足球课程综合评价改革有助于提高教学质量

随着体育教育的不断发展，人们对体育课程教学质量的关注度越来越高。客观、合理的体育课程教学评价不仅能有效地评估体育课程教学质量，而且在体育课程改革的过程中发挥着不可替代的作用。体育课程教学评价贯穿体育课程教学过程的始终，是评价体育课程教学工作是否达到预期目标的重要手段，也是制订并修正体育课程教学目标的重要依据，在体育课程教学中扮演着非常重要的角色，从整体上监控着体育课程教学工作的各个环节。

构建合理、客观的综合评价指标体系是对中小学教育质量评价体系建设的具体落实。2013 年 6 月，《教育部关于推进中小学教育质量综合评价改革的意见》明确提出建立综合评价指标体系。学校要依据党的教育方针、相关教育法律法规、国家课程标准等有关规定，突出重点，注重导向，把学生的品德发展水平、学业发展水平、

身心发展水平、兴趣特长养成、学业负担状况等方面作为评价学校教育质量的主要内容，着力构建中小学教育质量综合评价指标体系。各地要在涵盖以上 5 个方面评价内容的基础上，对照 20 项关键性指标，按照小学、初中和普通高中教育的不同性质和特点，细化评价指标、考查要点和评价标准的内容要求，完善综合评价指标框架。

足球运动的运动技术有助于最大程度地发展人的灵敏、速度、力量、耐力、柔韧等身体素质，促进人体神经系统、循环系统和运动系统功能的发展。在运动环境方面，足球运动对场地设施的要求确保练习者能够在室外环境中充分利用自然条件提高身体素质，促进健康。小学生正处在身心发展的关键时期，足球运动在促进小学生身心健康发展方面也具有不可替代的作用。近年来，国家出台了多项促进校园足球发展的政策，多次提到加强足球课程建设，提高足球课程教学质量，因此，对足球课程综合评价改革进行研究势在必行。

二、足球课程学习综合评价指标体系研究是体育课程教学改革的重要组成部分

国外体育课程教学评价研究大多强调将多种评价方式结合起来，实现评价主体多元化，注重培养学生在实际生活中的操作能力和创新能力，同时重视体育课程学生学习评价对激发中小学生体育兴趣的影响，为学生树立终身体育意识奠定了良好的思想基础[1]。美国、日本、英国重视培养学生将所学知识和技能运用到实际生活中

---

① 张建华，高嵘，毛振明. 当代美国体育课程改革及对我国的启示[J]. 体育科学，2004，24（1）：50-52.

的能力，同时注重各方面能力的综合评估①。目前国内外体育课程学生学习评价的内容较全面，涵盖了体育专业中的基本知识、基本技能、锻炼身体的方法、学习态度、情意表现和合作精神，强调定量评价与定性评价相结合、终结性评价与形成性评价相结合、绝对评价与相对评价相结合的方式，重视评价标准的个性化，注重因材施教，促进学生的全面发展。

现阶段课程教学改革受到社会各界的广泛关注。作为课程教学改革的主要方面，学生学习评价成为研究热点。学生学习评价关系到教学改革的全局，世界各国都对其格外关注。学生在学习过程中处于主体地位，具有主观能动性，只有客观、合理、可操作性较强的学生学习评价指标体系才能调动学生学习的积极性，使其树立终身体育意识，进而促进学生健康、全面地发展。

评价指标不仅直接决定教学评价活动的成败，还为教学活动设计及教学目标制订指明了方向。如何确定评价指标已成为建立科学评价指标体系的关键环节②。作为体育与健康课程重要内容的足球课程，是一门以身体练习为主，发展足球运动技能，促进学生体质健康的课程。足球课程综合评价指标体系必须遵循客观性、科学性、可操作性原则，从多个角度进行科学构建。作为足球课程教学评价的重要因素，全面、具体、有效的评价指标体系可以真实、直接地反映教学效果。

三、小学生足球课程学习综合评价指标体系研究有待加强

目前，我国关于足球课程教学方面的研究成果较为丰富。按照

① 刘志红. 学校体育教学评价体系构建与可操作性研究[D]. 石家庄：河北师范大学，2007.

② 姚蕾，闻勇. 对我国体育教学评价的理论思考[J]. 北京体育大学学报，2002，25（1）：92-94.

研究内容来划分，大多数研究可以被归为教学法的实验研究和技术动作的教学实验研究，足球课程教学评价方面的研究还不多见。在学生评价方面，原有的评价指标过于强调学生个人的运动技能，忽视了足球运动的整体性和学生的全面发展。

目前国内的体育课程教学评价指标体系不够完善，与国外相比还存在一定的差距[1]。对于体育课程教学评价中存在的一些问题，我们必须基于现状努力解决。研究者阅读了相关文献并进行了实地调查，以期构建出科学，合理，有效，可操作性强，以促进学生的身心健康和培养终身体育意识为目标的体育课程教学评价指标体系，为足球课程教学质量的提高，以及体育教学的改革和发展打下坚实的基础。

体育课程教学评价是发展与改革体育教育的重要组成部分，是教育评价的重要内容，是学校科学、系统管理体育课程教学的重要途径，对于提高体育课程教学质量起着推动作用。基于"素质教育""终身教育"的教育理念指导体育课程教学评价的改革和发展，应建立适合学生全面发展的评价体系。

研究显示，在不同项目的体育课程教学评价中，排球、篮球教学评价指标已不再只重视学生的运动技能学习，而是涉及诸多方面，如在课堂中的学习态度、情意表现和合作能力、对运动项目的认知水平等，评价指标逐步丰富、完善[2][3]。关于高校学生足球课程学习评价的研究比较多，这些研究从多方面对学生学习情况进行评价。

---

① 张秀华. 对增进大学生身心健康的研究——论大学体育课程体系与评价体系改革[J]. 北京体育大学学报，2002，25（4）：511–513.

② 徐艳. 排球普修学生学业成绩评价体系的研制与实证研究[D]. 武汉：武汉体育学院，2006.

③ 王海生. 普通高校篮球选项课教学评价指标体系的探究[D]. 石家庄：河北师范大学，2013.

构建客观、合理、可操作性较强的评价指标有助于调动学生的学习积极性，使学生树立终身体育意识。已有的评价指标在评价学生学习成绩时不够科学、系统、完善。它们只注重学生个人的运动技能而忽视了集体合作、团队精神，以及足球课程教学目标和科学性[①]。

小学生正处在身心发展的关键时期，足球运动在促进学生身体健康发展方面也具有很大的推动作用。小学生足球课程学习综合评价指标体系的建立将有助于小学生全面、健康发展。目前的评价内容主要包括理论基础知识的掌握情况，技术和战术的分析、理解和运用，身体素质状况，运动技能进步情况，学习态度和行为表现，合作能力等，没有从运动参与、心理健康与社会适应等方面全面评价学生的足球课程学习情况，因此无法为进一步提高足球课程教学质量，以及促进足球课程教学的改革和发展提供保障。

根据相关的研究成果，目前我国关于小学生足球课程学习综合评价指标体系的研究还比较少，这就为本专题提供了空间。前人关于体育课程教学评价指标的研究成果为本专题提供了较为丰富的资料，使本专题研究的顺利进行成为可能。体育课程教学评价对整个教育系统有重要影响，学生学习成绩评价是体育课程教学评价的核心内容，所以有必要对小学生足球课程学习综合评价指标体系进行讨论，新的形势和新的视角保障了此专题有一定的学术价值和社会意义。

---

① 蔡向阳，朱六一. 关于足球专修课成绩评定问题的探讨[J]. 武汉体育学院学报，2003，37（5）：90–92.

第二节　小学生足球课程学习综合评价指标体系研究的目的、立意及方法

一、小学生足球课程学习综合评价指标体系研究的目的

小学生足球课程学习综合评价指标体系研究的目的有以下 3 个方面。

第一，通过对体育课程教学评价指标体系理论知识的梳理，进一步明确体育课程学习评价指标体系建立的理论基础，揭示体育课程教学评价指标体系建设的特点和趋势，为小学生足球课程学习综合评价指标体系研究奠定理论基础，以期提高人们对建立小学生足球课程学习综合评价指标体系的认识程度和关注程度。

第二，在建立小学生足球课程学习综合评价指标体系的理论基础上，构建一级、二级、三级评价指标，为足球课程教学评价的实施奠定现实基础，分析小学生足球课程学习综合评价指标体系的要素。

第三，通过对小学生足球课程学习综合评价指标权重的确定及分析，阐述各个指标的贡献情况。

二、小学生足球课程学习综合评价指标体系研究的立意

本文对小学生足球课程学习综合评价指标体系研究的立意从理论与实践 2 个方面来分析。

第一，理论意义。本研究是以小学生足球课程学习综合评价指标体系为主题的区域性实证研究，为学生体育课程学习评价理论提

供了实证资料，丰富了我国体育课程教学评价的研究成果，为体育教育工作者和研究者提供了数据和参考资料。

第二，实践意义。本研究以小学生足球课程学习综合评价指标体系为研究对象，以点带面，为加强学校体育工作提出建议，为体育教育工作者进行实践提供参考。对小学生足球课程学习综合评价指标体系进行研究是整个校园足球建设环节必不可少的一部分，为教育行政部门进一步了解当前校园足球建设的工作情况，以及建立健全评价机制提供了参考。

三、小学生足球课程学习综合评价指标体系研究的方法

本研究采用文献资料法，在中国知网、万方数据库、维普网等学术网站分别以"评价""指标体系构建""体育课程教学评价""体育课程教学评价指标体系""体育课程学习成绩评价""小学生足球课程学习综合评价指标体系"为主题词检索了相关文献，并对相关度较高的文献资料进行了整理，作为本专题研究的理论依据。本研究采用德尔菲法，主要从身体健康、运动技能、运动参与、心理健康与社会适应等方面构建评价指标体系，并设计了《小学生足球课程学习综合评价指标体系》两轮专家问卷进行指标筛选与权重确定。第一轮专家调查于 2014 年 7 月开始进行，问卷发放采用当面发放和邮寄相结合的方式，对不具备当面发放问卷条件的专家，通过电子邮件发送问卷。第一轮共发放 16 份专家问卷，收回 15 份，有效问卷 12 份。第二轮专家调查于 2014 年 10 月开始进行，问卷发放方式同第一轮。第二轮共发放 15 份问卷，收回 15 份，有效问卷 12 份。

第一轮问卷由一级指标、二级指标、三级指标构成，选项分别为"重要""比较重要""一般""较不重要""不重要"，在每个指标后面均有补充意见。具体操作方式为请专家对指标进行筛选和修订并对指标的重要程度做出判断，提出意见和建议。

在进行了两轮专家调查后，我们将回收的问卷中选择"重要"和"比较重要"两档的人数比例之和大于 67% 的指标作为评价指标[1]。在初步建立小学生足球课程学习综合评价指标体系之后，综合足球课程教学与训练领域和学校体育学领域相关专家的意见，为小学生足球课程学习综合评价指标筛选及权重确定提供依据，最终构建评价指标体系。

第三节　小学生足球课程学习综合评价指标体系构建的理论基础

一、体育课程与小学生体育课程学习综合评价

课程目标是确定课程学习评价指标的依据。体育课程目标是学生在身体健康、运动技能、运动参与、心理健康与社会适应 4 个方面达到的学习效果。中小学体育课程标准充分体现了国家对不同阶段学生在体育与健康知识掌握程度、身体健康、运动技能、运动参与、心理健康与社会适应等方面的基本要求，并提出了科学教学与理性评价的实施建议。教师可以依据课程标准进行教学，同时可以依据课程标准对学生学习成绩进行评价[2]。对学生学习成绩进行评价可以从身体健康、运动技能、运动参与、心理健康与社会适应 4 个方面进行。身体健康是指体能素质良好、机能表现正常和精力充沛的状态，与自己平时的体育锻炼状况、生活中的营养状况和日常行为习惯密切相关。运动技能是指学生在体育学习和体育锻炼中完成

---

① 吴钢. 现代体育教育评价教程[M]. 北京：北京大学出版社，2008.

② 于素梅. 小学体育与健康课教学指导[M]. 北京：北京体育大学出版社，2004.

运动动作的能力，包括在神经系统调节下不同肌肉群协调工作的能力。运动参与是指学生参与体育活动的态度，以及在体育活动中的一些行为表现。心理健康与社会适应是指个体自我感觉良好，在社会中能与一些人、事和谐相处的一种状态与过程①。

据此，小学生足球课程学习综合评价指标体系可以从身体健康、运动技能、运动参与、心理健康与社会适应 4 个方面来构建。

二、小学生足球课程学习综合评价指标体系的构建原则

小学生足球课程学习评价对小学生在足球课上的学习情况，以及在课余主动参与足球运动的情况进行评价。建立小学生足球课程学习综合评价指标体系既是评价工作的基础环节，又是评价工作的重心，可为体育教师在实践中灵活把握评价内容提供参考依据。小学生足球课程学习综合评价指标体系的构建原则如下。

（一）科学性原则

科学性指的是评价指标体系的理论基础要充分，理论依据要合理②。科学性原则是任何学术研究都必须遵循的基本原则。只有评价指标体系的理论基础充分，理论依据合理，小学生足球课程学习的内涵和外延才能得到充分体现。在评价指标体系的构建过程中，指标的筛选、权重的确定必须采用科学、合理的统计方法，用正确的理论并借助数据对调查结果进行定性和定量研究分析，才能保证评价指标的科学性和严谨性，从而促进学生学习成绩的提高。

---

① 中华人民共和国教育部. 义务教育体育与健康课程标准：2011 年版[M]. 北京：北京师范大学出版社，2012.

② 屈宏强. 学校体育均衡发展评价指标体系的构建与实证研究——以河南省中学为例[D]. 福州：福建师范大学，2012.

（二）客观性原则

客观性原则是筛选指标和确定权重的重要基础。在进行此项工作时，必须坚持实事求是，不能主观臆断或掺杂个人感情成分。客观性还在于确定的评价指标要具有先进性和代表性，符合体育与健康课程标准。另外，评价指标体系的构建还需要结合学生的实际情况，让学生"跳一跳，可以够得着"，以此确定指标的合理性。

（三）可操作性原则

可操作性原则是理论与实践相结合的产物。实践是检验真理的唯一标准，所以构建评价指标体系要一切从实际出发，确保评价指标体系在实践中可以有效运用并且不断推广，能够真正为足球课程教学提供服务。利用评价指标，教师能够在课程教学实践中获得充足的信息，对学生在足球课上的状态进行定量和定性分析，从而得到明确的反馈，真正体现评价指标可测、可量、简洁、方便的特点。此外，构建评价指标体系必须考虑可利用的人力、物力、财力和信息资源，脱离实际意义的评价指标体系不具有可操作性，不能很好地为实践服务。

（四）完备性原则

小学生足球课程学习综合评价指标的选取要精简，不能太烦琐，既要考虑所有学生的实际情况，又要突出综合评价；既要简明扼要，又不能失其重要性，不能让教师在实际运用中不知如何操作。因此，评价指标体系要突出重点，并且比较全面、客观地反映学生的整体学习情况。评价指标体系应体现与素质教育、健康教育和足球运动特点相符合的重要内容，从多个角度、多个方面来反映小学生足球课程学习的整体情况。评价指标体系的覆盖面应尽量全，不可遗漏细小但非常关键的指标，但指标也不可过多、过繁，造成人力、物力、财力的浪费。

第四节　小学生足球课程学习综合评价指标的确定

一、第一轮专家调查综合评价指标的确定

（一）一级指标的调查结果与分析

第一轮专家调查初步建立了小学生足球课程学习综合评价指标体系，其中一级指标共 4 个，分别是身体健康、运动技能、运动参与、心理健康与社会适应。本部分通过对第一轮专家调查结果进行统计与分析来确定各指标的重要程度，调查统计情况如表 4-1 所示。

表 4-1　小学生足球课程学习综合评价指标体系一级指标
第一轮专家调查统计表

一级指标	统计结果/%			
	重要	比较重要	合计	备注
身体健康	83.3	16.7	100	
运动技能	41.7	33.3	75.0	
运动参与	66.7	33.3	100	
心理健康与社会适应	50.0	41.7	91.7	

在小学生足球课程学习综合评价一级指标中，各指标的重要程度是截然不同的。为了弄清楚每个指标的重要程度，本研究统计了专家对每个指标重要程度的选择情况，以百分比来表示其重要程度，百分比越大的指标，重要程度越高。调查结果显示，身体健康、运

动参与、运动技能、心理健康与社会适应指标的重要程度均得到专家的一致认可，其中身体健康指标和运动参与指标非常重要，其重要程度达到 100%，心理健康与社会适应指标的重要程度为 91.7%，运动技能指标的重要程度为 75.0%。可见，小学生足球课程学习综合评价重点关注身体健康、运动参与、心理健康与社会适应方面，不能过分强调对运动技能的评价，可以从综合角度评价小学生的足球课程学习情况。

一些专家对于一级指标的修改意见为增加快乐体育指标，快乐体育指标可以归到运动参与指标中。有的专家建议增加合作能力指标，合作能力指标可以归到心理健康与社会适应指标中。

（二）身体健康领域的二级指标的确定

在初步建立的小学生足球课程学习综合评价指标体系中，身体健康领域的二级指标共有 4 个，分别是体能、正确的身体形态、身体健康意识、健康行为。在此，通过对第一轮专家调查结果进行统计与分析来确定各指标的重要程度，调查统计情况如表 4–2 所示。

表 4–2　身体健康领域的二级指标第一轮专家调查统计情况

二级指标	统计结果/%			
	重要	比较重要	合计	备注
体能	83.3	16.7	100	
正确的身体形态	33.3	41.7	75.0	
身体健康意识	41.7	50.0	91.7	
健康行为	83.3	8.3	91.6	

第一轮专家调查结果显示，体能、正确的身体形态、身体健康

意识、健康行为这 4 个指标均得到专家的一致认可。体能指标的重要程度为 100%，身体健康意识的重要程度为 91.7%，健康行为的重要程度为 91.6%，正确的身体形态的重要程度为 75.0%。根据相关文献，体能包含身体形态，所以本研究将正确的身体形态指标纳入体能指标。

（三）运动技能领域的二级指标的确定

运动技能领域的二级指标主要包括掌握足球运动技能的基本知识、运球、颠控球、安全地进行体育运动的能力。关于运动技能领域的二级指标，第一轮专家调查统计情况如表 4–3 所示。

表 4–3　运动技能领域的二级指标第一轮专家调查统计情况

二级指标	统计结果/%			备注
	重要	比较重要	合计	
掌握足球运动技能的基本知识	58.3	25.0	83.3	
运球	75.0	16.7	91.7	
颠控球	41.7	33.3	75.0	
安全地进行体育运动的能力	58.3	25.0	83.3	

第一轮专家调查结果显示，掌握足球运动技能的基本知识、运球、颠控球、安全地进行体育运动的能力 4 个指标均得到专家的一致认可。运球指标的重要程度为 91.7%，掌握足球运动技能的基本知识指标和安全地进行体育运动的能力指标的重要程度均为 83.3%、颠控球指标的重要程度为 75.0%。有专家建议增加射门和接球指标，因为成功射门会给小学生带来喜悦感。因此，专家建议在体育课程教学中将以上相关指标与射门技术相结合，如运球衔接射门技术，并给学生提供更多参与实践活动的机会。

（四）运动参与领域的二级指标的确定

运动参与领域的二级指标主要包括参与足球运动的态度、参与足球运动的行为、用科学的方法参与足球运动的能力。关于运动参与领域的二级指标，第一轮专家调查统计情况如表4-4所示。

表4-4　运动参与领域的二级指标第一轮专家调查统计情况

二级指标	统计结果/%			
	重要	比较重要	合计	备注
参与足球运动的态度	58.3	41.7	100	
参与足球运动的行为	83.3	16.7	100	
用科学的方法参与足球运动的能力	27.0	41.7	68.7	

第一轮专家调查结果显示，参与足球运动的态度、参与足球运动的行为、用科学的方法参与足球运动的能力3个指标均得到专家的一致认可。参与足球运动的态度指标与参与足球运动的行为指标的重要程度为100%，用科学的方法参与足球运动的能力指标的重要程度为68.7%。专家建议，在小学生积极参与足球运动的态度与行为的基础上，辅以科学的学习方法，能够为小学生终身进行体育锻炼奠定良好的基础。

（五）心理健康与社会适应领域的二级指标的确定

心理健康与社会适应领域的二级指标主要包括掌握足球运动与身心健康的基础知识、在足球运动中自尊与自信的表现情况、利用足球运动调节情绪的能力、意志品质、合作精神与能力、体育道德。关于心理健康与社会适应领域的二级指标，第一轮专家调查统计情况如表4-5所示。

表4-5　心理健康与社会适应领域的二级指标第一轮专家调查统计情况

二级指标	统计结果/%			
	重要	比较重要	合计	备注
掌握足球运动与身心健康的基础知识	20.1	30.5	50.6	去掉
在足球运动中自尊与自信的表现情况	25.9	38.5	64.4	去掉
利用足球运动调节情绪的能力	50.0	41.7	91.7	
意志品质	83.3	8.3	91.6	
合作精神与能力	83.3	16.7	100	
体育道德	50.0	25.0	75.0	

第一轮专家调查结果显示，合作精神与能力、利用足球运动调节情绪的能力、意志品质、体育道德指标得到专家的一致认可。其中，合作精神与能力指标的重要程度为100%；利用足球运动调节情绪的能力指标的重要程度为 91.7%；意志品质指标的重要程度为91.6%；体育道德指标的重要程度为75.0%，该指标是足球运动得以顺利开展的重要保证。在这些二级指标中，重要程度低于67%的被去掉，包括掌握足球运动与身心健康的基础知识指标（50.6%）和在足球运动中自尊与自信的表现情况指标（64.4%）。另外，专家建议增加责任感指标，在足球课程教学实践中，将责任感指标贯穿到利用足球运动调节情绪的能力、意志品质、合作精神与能力指标中，切实提高小学生的心理健康与社会适应能力。

（六）身体健康领域的三级指标的确定

身体健康领域的三级指标主要包括身体形态、身体机能、运动素质、身体特征、测量和评价健康状况、定期测量和记录身高及体重的变化、维护健康的意识和能力、掌握基本保健知识和方法、制定合理的作息制度。关于身体健康领域的三级指标，第一轮专家调查统计情况如表4-6所示。

表4-6　身体健康领域的三级指标第一轮专家调查统计情况

三级指标	统计结果/%			
	重要	比较重要	合计	备注
身体形态	10.0	20.0	30.0	去掉
身体机能	40.0	50.0	90.0	
运动素质	40.0	50.0	90.0	
身体特征	20.0	10.0	30.0	去掉
测量和评价健康状况	30.0	40.0	70.0	
定期测量和记录身高及体重的变化	10.0	70.0	80.0	
维护健康的意识和能力	20.0	70.0	90.0	
掌握基本保健知识和方法	50.0	40.0	90.0	
制定合理的作息制度	30.0	60.0	90.0	

　　第一轮专家调查结果显示，身体机能、运动素质、维护健康的意识和能力、掌握基本保健知识和方法、制定合理的作息制度、定期测量和记录身高及体重的变化、测量和评价健康状况指标得到专家的一致认可，身体形态、身体特征这两个指标的重要程度均为30%，专家建议去掉这两个指标，因为身体形态、身体特征可以通过运动素质反映。

（七）运动技能领域的三级指标的确定

运动技能领域的三级指标主要包括掌握足球运动的相关名称和术语、了解小型足球运动的基本规则、了解足球运动涉及的一些肌肉的名称及特点、20 m 运球跑计时、20 m 运球绕杆计时、"Z"字形运球绕杆计时、脚内侧 7 m 射门、脚内侧 9 m 射门等多项指标。关于运动技能领域的三级指标，第一轮专家调查统计情况如表 4–7 所示。

表 4–7　运动技能领域的三级指标第一轮专家调查统计情况

三级指标	统计结果/%			
	重要	比较重要	合计	备注
掌握足球运动的相关名称和术语	20.0	60.0	80.0	
了解小型足球运动的基本规则	20.0	50.0	70.0	
了解足球运动涉及的一些肌肉的名称及特点	20.0	70.0	90.0	
20 m 运球跑计时	30.0	70.0	100	
20 m 运球绕杆计时	20.0	70 .0	90.0	
"Z"字形运球绕杆计时	10.0	60.0	70.0	
脚内侧 7 m 射门	20.0	30.0	50.0	去掉
脚内侧 9 m 射门	10.0	70.0	80.0	
脚内侧 11 m 定位球射门	10.0	50.0	60.0	去掉
1 分钟 5 m 传接地滚球	20.0	70.0	90.0	
教师抛球至学生腰部，学生用脚内侧接球	10.0	50.0	60.0	去掉
教师抛球，学生用大腿正面接球	20.0	10.0	30.0	去掉

续表

三级指标	统计结果/%			备注
	重要	比较重要	合计	
双脚交替踩球	40.0	29.0	69.0	
单脚正脚背颠球	10.0	70.0	80.0	
脚内侧横拨球	10.0	80.0	90.0	
正脚背交替颠球	40.0	50.0	90.0	
4 个部位颠球	20.0	60.0	80.0	
在足球运动中的安全意识	60.0	30.0	90.0	
掌握在足球运动中自我保护与相互保护的基本方法	60.0	30.0	90.0	
了解在足球运动中常见的运动损伤及急救措施	40.0	50.0	90.0	

第一轮专家调查结果显示，20 m 运球跑计时指标的重要程度为 100%，了解足球运动涉及的一些肌肉的名称及特点、20 m 运球绕杆计时、1 分钟 5 m 传接地滚球、脚内侧横拨球、正脚背交替颠球、在足球运动中的安全意识、掌握在足球运动中自我保护与相互保护的基本方法、了解在足球运动中常见的运动损伤及急救措施指标的重要程度为 90.0%，掌握足球运动的相关名称和术语、脚内侧 9 m 射门、单脚正脚背颠球、4 个部位颠球指标的重要程度为 80.0%，了解小型足球运动的基本规则、"Z" 字形运球绕杆计时两个指标的重要程度为 70.0%，双脚交替踩球指标的重要程度为 69.0%，重要程度为 60.0%及以下的指标被去掉。

（八）运动参与领域的三级指标的确定

运动参与领域的三级指标主要包括参与足球运动的目的、课后每周参与足球运动的次数、在足球课程学习中积极投入的程度、课

上积极向同伴展示自己所学会的足球技术动作、一周内主动参与课
外足球运动的累计时间、课余欣赏校园足球比赛、合理安排锻炼
时间、自觉思考锻炼中存在的问题、积极响应教师的提问和指导。
关于运动参与领域的三级指标，第一轮专家调查统计情况如表 4–8
所示。

表 4–8　运动参与领域的三级指标第一轮专家调查统计情况

三级指标	统计结果/%			备注
	重要	比较重要	合计	
参与足球运动的目的	20.0	60.0	80.0	
课后每周参与足球运动的次数	40.0	60.0	100	
在足球课程学习中积极投入的程度	60.0	40.0	100	
课上积极向同伴展示自己所学会的足球技术动作	30.0	40.0	70.0	
一周内主动参与课外足球运动的累计时间	50.0	40.0	90.0	
课余欣赏校园足球比赛	30.0	50.0	80.0	
合理安排锻炼时间	40.0	40.0	80.0	
自觉思考锻炼中存在的问题	50.0	30.0	80.0	
积极响应教师的提问和指导	60.0	20.0	80.0	

第一轮专家调查结果显示，课后每周参与足球运动的次数、在
足球课程学习中积极投入的程度 2 个指标的重要程度为 100%，一周
内主动参与课外足球运动的累计时间指标的重要程度为 90.0%，参与
足球运动的目的、课余欣赏校园足球比赛、合理安排锻炼时间、自

觉思考锻炼中存在的问题、积极响应教师的提问和指导指标的重要程度为80.0%，课上积极向同伴展示自己所学会的足球技术动作指标的重要程度为70.0%。

（九）心理健康与社会适应领域的三级指标的确定

心理健康与社会适应领域的三级指标主要包括在足球运动中表现出克服困难的精神、比赛失利后不垂头丧气、在足球运动中乐于保护和帮助同学、遵守足球运动规则并初步规范自我体育行为、在足球运动中适应新的合作环境、在足球运动中乐于交流与合作、对情绪不佳时选择足球运动作为缓冲的依赖性、在足球运动中对于不良情绪的有效控制、认真履行自己的职责、主动参与场地器材的管理。心理健康与社会适应领域的三级指标第一轮专家调查统计情况如表4–9所示。

表4–9　心理健康与社会适应领域的三级指标第一轮专家调查统计情况

三级指标	统计结果/%			
	重要	比较重要	合计	备注
在足球运动中表现出克服困难的精神	20.0	80.0	100	
比赛失利后不垂头丧气	20.0	60.0	80.0	
在足球运动中乐于保护和帮助同学	30.0	60.0	90.0	
遵守足球运动规则并初步规范自我体育行为	40.0	40.0	80.0	
在足球运动中适应新的合作环境	40.0	30.0	70.0	
在足球运动中乐于交流与合作	60.0	40.0	100	
对情绪不佳时选择足球运动作为缓冲的依赖性	10.0	60.0	70.0	

续表

三级指标	统计结果/%			备注
	重要	比较重要	合计	
在足球运动中对不良情绪的有效控制	20.0	60.0	80.0	
认真履行自己的职责	40.0	60.0	100	
主动参与场地器材的管理	30.0	60.0	90.0	

第一轮专家调查结果显示,在足球运动中表现出克服困难的精神、在足球运动中乐于交流与合作、认真履行自己的职责指标的重要程度为100%,在足球运动中乐于保护和帮助同学、主动参与场地器材的管理这2个指标的重要程度为90.0%,比赛失利后不垂头丧气、遵守足球运动规则并初步规范自我体育行为、在足球运动中对不良情绪的有效控制指标的重要程度为80.0%,在足球运动中适应新的合作环境、对情绪不佳时选择足球运动作为缓冲的依赖性2个指标的重要程度为70%。

二、第二轮专家调查综合评价指标的确定

(一)一级指标的确定

基于第一轮专家调查的结果,我们对评价指标进行了调整、删除和添加,在此基础上进行了第二轮专家调查,并对第二轮专家调查的结果进行了数理统计,最终确定了评价指标。确定评价指标的具体依据有:①指标的变异系数小于0.25;②所选取指标的平均值大于3.50(达到总分的70%)[1]。变异系数是指各个指标的标准差除

---

① 余道明. 体育现代化理论及其指标体系研究——以首都体育现代化研究为例[D]. 福州:福建师范大学,2007.

以其平均值。变异系数值越小，表明专家对于该指标评价结果的分散程度越小。一般情况下，变异系数大于或等于 0.25 被认为该指标的专家协调程度还不够[①]。

在本研究中，我们使用 Excel 软件和 SPSS 17.0 统计软件对第二轮专家调查结果进行了描述性统计和非参数检验。

我们先将专家填写的信息进行统计，然后在 Excel 软件和 SPSS 17.0 统计软件中分别建立数据库，用 SPSS 17.0 软件对数据进行描述性统计，计算出各指标的平均值、标准差，再通过变异系数公式计算出变异系数。

一级指标第二轮专家调查数据统计结果如表 4–10 所示。

表 4–10　一级指标第二轮专家调查数据统计结果

一级指标	平均值	标准差	变异系数
身体健康	4.83	0.38	0.08
运动参与	4.66	0.49	0.11
运动技能	4.33	0.77	0.18
心理健康与社会适应	4.58	0.66	0.14

表 4–10 表明，在第二轮专家调查中，4 个一级指标的变异系数均小于 0.25，平均值也都大于 3.50，说明专家对一级指标的意见一致，因此一级指标可以确定。

（二）二级指标的确定

在第一轮专家调查的基础上，我们针对二级指标进行了第二轮专家调查，并使用 Excel 软件和 SPSS 17.0 统计软件对调查结果进行

---

① 胡永红. 有效体育教学的理论与实证研究[D]. 福州：福建师范大学，2009.

统计，计算出各指标的平均值、标准差，再通过变异系数公式计算出变异系数。

二级指标第二轮专家调查数据统计结果如表4-11所示。

表4-11　二级指标第二轮专家调查数据统计结果

二级指标	平均值	标准差	变异系数
体能	4.91	0.28	0.06
身体健康意识	4.33	0.65	0.15
健康行为	4.75	0.62	0.13
掌握足球运动技能的基本知识	4.50	0.79	0.18
运球	4.66	0.65	0.14
射门	4.50	0.52	0.12
接球	4.62	0.58	0.13
颠控球	4.08	0.99	0.24
安全地进行体育运动的能力	4.41	0.79	0.18
参与足球运动的态度	4.66	0.49	0.11
参与足球运动的行为	4.91	0.28	0.06
用科学的方法参与足球运动的能力	3.91	0.79	0.20
意志品质	4.75	0.62	0.13
体育道德	4.41	0.79	0.18
合作精神与能力	4.83	0.38	0.08
利用足球运动调节情绪的能力	4.41	0.66	0.15
责任感	4.33	0.69	0.16

表4-11表明，在第二轮专家调查中，身体健康领域、运动技能领域、运动参与领域、心理健康与社会适应领域的二级指标的变异

系数均小于 0.25，平均值也都大于 3.50，说明专家对二级指标的意见一致，因此二级指标可以确定。

（三）三级指标的确定

在第一轮专家调查的基础上，我们针对三级指标进行了第二轮专家调查，使用 Excel 软件和 SPSS 17.0 统计软件对调查结果进行统计，计算出各指标的平均值、标准差，再通过变异系数公式计算出变异系数。

首先，确定身体健康领域的三级指标。关于身体健康领域的三级指标，第二轮专家调查数据统计结果如表 4–12 所示。

表 4–12　身体健康领域的三级指标第二轮专家调查数据统计结果

三级指标	平均值	标准差	变异系数
身体机能	4.30	0.67	0.16
运动素质	4.30	0.67	0.16
测量和评价健康状况	4.00	0.82	0.21
定期测量和记录身高及体重的变化	3.90	0.57	0.15
维护健康的意识和能力	4.10	0.57	0.14
掌握基本保健知识和方法	4.40	0.7	0.16
制定合理的作息制度	4.20	0.63	0.15

表 4–12 表明，身体健康领域的三级指标的变异系数均小于 0.25，平均值也都在 3.50 以上，说明专家对三级指标的意见一致，因此身体健康领域的三级指标可以确定。

其次，确定运动技能领域的三级指标。关于运动技能领域的三级指标，第二轮专家调查数据统计结果如表 4–13 所示。

表 4–13　运动技能领域的三级指标第二轮专家调查数据统计结果

三级指标	平均值	标准差	变异系数
掌握足球运动的相关名称和术语	4.00	0.67	0.17
了解小型足球运动的基本规则	3.90	0.74	0.19
了解足球运动涉及的一些肌肉的名称及特点	4.10	0.57	0.14
20 m 运球跑计时	4.30	0.48	0.11
20 m 运球绕杆计时	4.10	0.57	0.14
"Z" 字形运球绕杆计时	3.80	0.63	0.17
脚内侧 9 m 射门	3.90	0.57	0.15
1 分钟 5 m 传接地滚球	4.10	0.57	0.14
双脚交替踩球	3.80	0.92	0.24
单脚正脚背颠球	3.90	0.57	0.15
脚内侧横拨球	4.00	0.47	0.12
正脚背交替颠球	4.30	0.67	0.16
4 个部位颠球	4.00	0.67	0.17
在足球运动中的安全意识	4.50	0.71	0.16
掌握在足球运动中自我保护与相互保护的基本方法	4.50	0.71	0.16
了解在足球运动中常见的运动损伤及急救措施	4.30	0.67	0.16

表 4–13 表明，掌握足球运动的相关名称和术语、了解小型足球运动的基本规则、了解足球运动涉及的一些肌肉的名称及特点、20 m运球跑计时、20 m运球绕杆计时、"Z"字形运球绕杆计时、脚内侧9 m射门、1分钟5 m传接地滚球、双脚交替踩球、单脚正脚背颠球、脚内侧横拨球、正脚背交替颠球、4个部位颠球、在足球运动中的

安全意识、掌握在足球运动中自我保护与相互保护的基本方法、了解在足球运动中常见的运动损伤及急救措施指标的变异系数均小于0.25，平均值也都在 3.50 以上，说明专家对三级指标的意见一致，因此运动技能领域的三级指标可以确定。

再次，确定运动参与领域的三级指标。关于运动参与领域的三级指标，第二轮专家调查数据统计结果如表 4–14 所示。

表 4–14　运动参与领域的三级指标第二轮专家调查数据统计结果

三级指标	平均值	标准差	变异系数
参与足球运动的目的	4.00	0.67	0.17
课后每周参与足球运动的次数	4.40	0.52	0.12
在足球课程学习中积极投入的程度	4.60	0.52	0.11
课上积极向同伴展示自己所学会的足球技术动作	4.00	0.82	0.21
一周内主动参与课外足球运动的累计时间	4.40	0.70	0.16
课余欣赏校园足球比赛	4.10	0.74	0.18
合理安排锻炼时间	4.20	0.79	0.19
自觉思考锻炼中存在的问题	4.30	0.82	0.19
积极响应教师的提问和指导	4.40	0.84	0.19

表 4–14 表明，参与足球运动的目的、课后每周参与足球运动的次数、在足球课程学习中积极投入的程度、课上积极向同伴展示自己所学会的足球技术动作、一周内主动参与课外足球运动的累计时间、课余欣赏校园足球比赛、合理安排锻炼时间、自觉思考锻炼中存在的问题、积极响应教师的提问和指导指标的变异系数均小

于 0.25，平均值也都在 3.50 以上，说明专家对三级指标的意见一致，因此运动参与领域的三级指标可以确定。

最后，确定心理健康与社会适应领域的三级指标。关于心理健康与社会适应领域的三级指标，第二轮专家调查数据统计结果如表 4–15 所示。

表 4–15　心理健康与社会适应领域的三级指标第二轮专家调查数据统计结果

三级指标	平均值	标准差	变异系数
在足球运动中表现出克服困难的精神	4.20	0.42	0.10
比赛失利后不垂头丧气	4.00	0.67	0.17
在足球运动中乐于保护和帮助同学	4.20	0.63	0.15
遵守足球运动规则并初步规范自我体育行为	4.20	0.79	0.19
在足球运动中适应新的合作环境	4.10	0.88	0.21
在足球运动中乐于交流与合作	4.60	0.52	0.11
对情绪不佳时选择足球运动作为缓冲的依赖性	3.80	0.63	0.17
在足球运动中对不良情绪的有效控制	4.00	0.67	0.17
认真履行自己的职责	4.40	0.52	0.12
主动参与场地器材的管理	4.20	0.63	0.15

表 4–15 表明，在足球运动中表现出克服困难的精神、比赛失利后不垂头丧气、在足球运动中乐于保护和帮助同学、遵守足球运动规则并初步规范自我体育行为、在足球运动中适应新的合作环境、在足球运动中乐于交流与合作、对情绪不佳时选择足球运动作为缓

冲的依赖性、在足球运动中对不良情绪的有效控制、认真履行自己的职责、主动参与场地器材的管理指标的变异系数均小于 0.25，平均值也都在 3.50 以上，说明专家对三级指标的意见一致，因此心理健康与社会适应领域的三级指标可以确定。

综上所述，小学生足球课程学习综合评价指标体系最终由身体健康、运动技能、运动参与、心理健康与社会适应 4 个一级指标构成。

身体健康领域的二级指标包括体能、身体健康意识和健康行为。在此基础上确定的身体健康领域的三级指标有身体机能、运动素质、测量和评价健康状况、定期测量和记录身高及体重的变化、维护健康的意识和能力、掌握基本保健知识和方法、制定合理的作息制度。

运动技能领域的二级指标包括掌握足球运动技能的基本知识、运球、射门、接球、颠控球、安全地进行体育运动的能力。在此基础上确定的运动技能领域的三级指标有掌握足球运动的相关名称和术语、了解小型足球运动的基本规则、了解足球运动涉及的一些肌肉的名称及特点、20 m 运球跑计时、20 m 运球绕杆计时、"Z"字形运球绕杆计时、脚内侧 9 m 射门，1 分钟 5 m 传接地滚球、双脚交替踩球、单脚正脚背颠球、脚内侧横拨球、正脚背交替颠球、4 个部位颠球、在足球运动中的安全意识、掌握在足球运动中自我保护与相互保护的基本方法、了解在足球运动中常见的运动损伤及急救措施。

运动参与领域的二级指标包括参与足球运动的态度、参与足球运动的行为、用科学的方法参与足球运动的能力。在此基础上确定的运动参与领域的三级指标有参与足球运动的目的、课后每周参与足球运动的次数、在足球课程学习中积极投入的程度、课上积极向同伴展示自己所学会的足球技术动作、一周内主动参与课外足球运动的累计时间、课余欣赏校园足球比赛、合理安排锻炼时间、自觉思考锻炼中存在的问题、积极响应教师的提问和指导。

心理健康与社会适应领域的二级指标包括意志品质、体育道德、合作精神与能力、利用足球运动调节情绪的能力、责任感。在此基础上确定的心理健康与社会适应领域的三级指标有在足球运动中表现出克服困难的精神、比赛失利后不垂头丧气、在足球运动中乐于保护和帮助同学、遵守足球运动规则并初步规范自我体育行为、在足球运动中适应新的合作环境、在足球运动中乐于交流与合作、对情绪不佳时选择足球运动作为缓冲的依赖性、在足球运动中对不良情绪的有效控制、认真履行自己的职责、主动参与场地器材的管理。

三、小学生足球课程学习综合评价指标权重的确定

在此，我们根据对 12 位专家的咨询，以及从 4 个一级指标中选择"重要"的人数的百分比（表 4–16），计算出各指标的权重。计算方法是看每个指标选择"重要"的人数的百分比占 4 个指标都选择"重要"的人数的百分比总和的比例，按照该计算方法，依次计算出身体健康、运动技能、运动参与、心理健康与社会适应指标的权重分别为 0.32、0.16、0.26、0.26。

表 4–16　一级指标重要程度专家调查结果（$n=12$）

项目	身体健康	运动技能	运动参与	心理健康与社会适应
选择"重要"的人数	10	5	8	8
百分比/%	83.3	41.7	66.7	66.7

（一）身体健康领域指标权重的确定

作为学生学习的重要目标，身体健康不仅指学生体能的全面发

展，还包括学生对一些健康教育相关知识的掌握。通过考查身体健康目标的达成度，我们可以基本了解足球运动对小学生身体健康产生的深远影响。表 4-17 是身体健康领域的二级指标重要程度专家调查结果，以此确定该领域各二级指标的权重。

表 4-17　身体健康领域的二级指标重要程度专家调查结果（$n=12$）

项目	体能	身体健康意识	健康行为
选择"重要"的人数	11	5	10
百分比/%	91.7	41.7	83.3

表 4-17 表明，根据计算权重的方法，体能指标的权重为 0.42，其他两个指标的权重分别为 0.19、0.38。通过数据统计我们可以看出，在身体健康领域的 3 个二级指标中，体能指标的权重最大。因此，发展体能既是足球课程的重要教学内容，也是足球课程的重要教学目标。鉴于我国学校体育"健康第一"的指导思想，同时考虑到我国少年儿童的体质健康状况，将体能作为小学生足球课程学习综合评价指标极为重要。

如表 4-18、表 4-19 所示，对 10 名专家进行关于身体健康领域的三级指标的重要程度的调查，结果显示，运动素质和身体机能两个指标的重要程度均为 40.0%，且这两个指标的权重均为 0.50。运动素质是人体各个器官和系统机能在肌肉活动中所表现出来的能力，主要包括力量素质、速度素质、耐力素质、灵敏素质、柔韧素质、协调素质。一个人的灵敏、柔韧、协调等素质在 12 岁以前发展得最快。在柔韧素质方面，刚出生的婴儿各关节的运动幅度都比较大，随着年龄的增长，孩子的柔韧素质发展速度会相应地变慢。在协调素质方面，6～7 岁的儿童的协调素质发展得较快。6～8 岁的儿童处于发展灵敏素质不容错过的最佳时期。身体机能是指人体各器官和系统的功能，通过对身体机能的评价，教师可以了解学生的体质状况和健康状况，同时可以间接地了解足球课上学生的锻炼效果。

表4-18　身体健康领域的三级指标重要程度专家调查结果（*n*=10）

项目	身体机能	运动素质	测量和评价健康状况	定期测量和记录身高及体重的变化	维护健康的意识和能力	掌握基本保健知识和方法	制定合理的作息制度
选择"重要"的人数	4	4	4	4	2	5	3
百分比/%	40.0	40.0	40.0	40.0	20.0	50.0	30.0

表4-19　身体健康领域相关指标权重一览表

一级指标	二级指标	三级指标
身体健康（0.32）	体能（0.42）	身体机能（0.50）
		运动素质（0.50）
	身体健康意识（0.19）	测量和评价健康状况（0.50）
		定期测量和记录身高及体重的变化（0.50）
	健康行为（0.38）	维护健康的意识和能力（0.20）
		掌握基本保健知识和方法（0.50）
		制定合理的作息制度（0.30）

身体健康意识指标的三级指标包括测量和评价健康状况、定期测量和记录身高及体重的变化。按照同样的计算方法可计算出以上两个三级指标的权重均为0.50，即40.0%÷（40.0%+40.0%）。小学生通过学习足球课程，能客观、科学地从身体、心理、社会适应等方面评价自己的健康状况，同时可以了解测量自己身高、体重的方法并且正确地记录身高、体重的变化。

健康行为指标的三级指标主要包括维护健康的意识和能力、掌握基本保健知识和方法、制定合理的作息制度。根据计算公式，这三个指标的权重分别为 0.20、0.50、0.30。小学生在足球课上可以学到一些保健知识和方法，如了解课前准备活动的作用。

（二）运动技能领域指标权重的确定

运动技能领域的二级指标包括掌握足球运动技能的基本知识、运球、射门、接球、颠控球、安全地进行体育运动的能力。如表 4-20 所示，根据权重计算公式可以计算出运球指标、射门指标的权重均为 0.21，可见其重要性。运球是运动员在跑动过程中用脚推拨，有目的、有计划地使球维持在自己所能控制的范围内而做的触球动作。运球是其他一切与足球运动有关的技术动作的基础，也是个人战术的重点。掌握足球运动技能的基本知识指标的权重为 0.19，接球指标、颠控球指标的权重均为 0.12，安全地进行体育运动的能力指标的权重为 0.16。

表 4-20　运动技能领域的二级指标重要程度专家调查结果（*n*=12）

项目	掌握足球运动技能的基本知识	运球	射门	接球	颠控球	安全地进行体育运动的能力
选择"重要"的人数	8	9	9	5	5	7
百分比/%	66.7	75.0	75.0	41.7	41.7	58.3

如表 4-21、表 4-22 所示，在运动技能领域的三级指标重要程度的调查中，掌握足球运动技能的基本知识指标的三级指标包括掌握足球运动的相关名称和术语、了解小型足球运动的基本规则和了解足球运动涉及的一些肌肉的名称及特点，根据表 4-21 中的数据计

算出以上各指标的权重分别为 0.33、0.33、0.33。

表 4-21 运动技能领域的三级指标重要程度专家调查结果（*n*=10）

三级指标	选择"重要"的人数	百分比/%
掌握足球运动的相关名称和术语	2	20.0
了解小型足球运动的基本规则	2	20.0
了解足球运动涉及的一些肌肉的名称及特点	2	20.0
20 m 运球跑计时	3	30.0
20 m 运球绕杆计时	2	20.0
"Z"字形运球绕杆计时	1	10.0
脚内侧 9 m 射门	1	10.0
1 分钟 5 m 传接地滚球	2	20.0
双脚交替踩球	3	30.0
单脚正脚背颠球	1	10.0
脚内侧横拨球	1	10.0
正脚背交替颠球	4	40.0
4 个部位颠球	2	20.0
在足球运动中的安全意识	6	60.0
掌握在足球运动中自我保护与相互保护的基本方法	6	60.0
了解在足球运动中常见的运动损伤及急救措施	4	40.0

表 4–22　运动技能指标权重一览表

一级指标	二级指标	三级指标
运动技能（0.16）	掌握足球运动技能的基本知识（0.19）	掌握足球运动的相关名称和术语（0.33）
		了解小型足球运动的基本规则（0.33）
		了解足球运动涉及的一些肌肉的名称及特点（0.33）
	运球（0.21）	20 m 运球跑计时（0.50）
		20 m 运球绕杆计时（0.33）
		"Z"字形运球绕杆计时（0.17）
	射门（0.21）	脚内侧 9 m 射门（1.00）
	接球（0.12）	1 分钟 5 m 传接地滚球（1.00）
	颠控球（0.12）	双脚交替踩球（0.27）
		单脚正脚背颠球（0.09）
		脚内侧横拨球（0.09）
		正脚背交替颠球（0.36）
		4 个部位颠球（0.18）
	安全地进行体育运动的能力（0.16）	在足球运动中的安全意识（0.38）
		掌握在足球运动中自我保护与相互保护的基本方法（0.38）
		了解在足球运动中常见的运动损伤及急救措施（0.25）

运球指标的三级指标包括 20 m 运球跑计时、20 m 运球绕杆计时、"Z"字形运球绕杆计时。根据表 4-21 中的数据分别计算出各指标的权重，20 m 运球跑计时的权重为 0.50，采用同样的方法计算出其他两个指标的权重分别为 0.33、0.17。

射门指标的三级指标为脚内侧 9 m 射门，该指标的权重为 1.00。成功地射门对小学生来说十分重要，因为它可以让小学生直接体验将球射入球门带来的成就感，因此教师在课堂上应该给学生提供更多的射门机会。

接球指标的三级指标为 1 分钟 5 m 传接地滚球，该指标的权重为 1.00。小学生通过 1 分钟 5 m 传接地滚球可以逐步获得球感，为学习新的足球技术奠定基础。

颠控球指标的三级指标包括双脚交替踩球、单脚正脚背颠球、脚内侧横拨球、正脚背交替颠球、4 个部位颠球，这 5 个指标的权重分别为 0.27、0.09、0.09、0.36、0.18。

安全地进行体育运动的能力指标的三级指标包括在足球运动中的安全意识、掌握在足球运动中自我保护与相互保护的基本方法、了解在足球运动中常见的运动损伤及急救措施，这些指标的权重分别为 0.38、0.38、0.25。

（三）运动参与领域指标权重的确定

体育课程标准强调通过各式各样的内容和不同的形式，全方位引导学生体验运动的乐趣，培养学生参与运动的意识和兴趣。

运动参与领域的二级指标包括参与足球运动的态度、参与足球运动的行为、用科学的方法参与足球运动的能力，根据表 4-23 及权重计算公式计算出这 3 个指标的权重分别为 0.36、0.50、0.14。由此可见，参与足球运动的行为在小学生足球课程学习综合评价中占有重要的地位。一般情况下，小学生在足球课上能够集中注意力，但教师还需要逐步帮他们养成积极踊跃地投入到足球课堂中的习惯。

表 4-23　运动参与领域的二级指标重要程度专家调查结果（*n*=10）

项目	参与足球运动的态度	参与足球运动的行为	用科学的方法参与足球运动的能力
选择"重要"的人数	8	11	3
百分比/%	66.7	91.7	25.0

如表 4-24、表 4-25 所示，参与足球运动的态度指标的三级指标包括参与足球运动的目的、课后每周参与足球运动的次数、在足球课程学习中积极投入的程度。根据运动参与领域的三级指标重要程度的调查结果，计算出这些指标的权重分别为 0.17、0.33、0.50。小学生更喜爱游戏活动，教师组织一些足球游戏可以调动学生的参与热情。参与足球运动的行为指标的三级指标包括课上积极向同伴展示自己所学会的足球技术动作、一周内主动参与课外足球运动的累计时间、课余欣赏校园足球比赛，这些指标的权重分别为 0.27、0.45、0.27。用科学的方法参与足球运动的能力指标的三级指标主要包括合理安排锻炼时间、自觉思考锻炼中存在的问题、积极响应教师的提问和指导，这些指标的权重分别为 0.27、0.33、0.40。

表4-24 运动参与领域的三级指标重要程度专家调查结果（n=10）

项目	参与足球运动的目的	课后每周参与足球运动的次数	在足球课程学习中积极投入的程度	课上积极向同伴展示自己所学会的足球技术动作	一周内主动参与课外足球运动的累计时间	课余欣赏校园足球比赛	合理安排锻炼时间	自觉思考锻炼中存在的问题	积极响应教师的提问和指导
选择"重要"的人数	2	4	6	3	5	3	4	5	6
百分比/%	20.0	40.0	60.0	30.0	50.0	30.0	40.0	50.0	60.0

表4-25 运动参与指标权重一览表

一级指标	二级指标	三级指标
运动参与（0.26）	参与足球运动的态度（0.36）	参与足球运动的目的（0.17）
		课后每周参与足球运动的次数（0.33）
		在足球课程学习中积极投入的程度（0.50）
	参与足球运动的行为（0.50）	课上积极向同伴展示自己所学会的足球技术动作（0.27）
		一周内主动参与课外足球运动的累计时间（0.45）
		课余欣赏校园足球比赛（0.27）
	用科学的方法参与足球运动的能力（0.14）	合理安排锻炼时间（0.27）
		自觉思考锻炼中存在的问题（0.33）
		积极响应教师的提问和指导（0.40）

（四）心理健康与社会适应领域指标权重的确定

心理健康与社会适应领域注重对学生意志品质的培养，这有助于提高学生的体育道德水平，增强学生的合作能力与公平竞争的意识，帮助学生系统掌握调控情绪的方法和与人交往的技巧。

心理健康与社会适应领域的二级指标包括意志品质、体育道德、合作精神与能力、利用足球运动调节情绪的能力、责任感，根据表4-26及权重计算公式计算出这些指标的权重分别为0.26、0.18、0.26、0.16、0.13。由数据统计结果可见意志品质、合作精神与能力指标的重要性。

表4-26　心理健康与社会适应领域的二级指标
重要程度专家调查结果（*n*=12）

项目	意志品质	体育道德	合作精神与能力	利用足球运动调节情绪的能力	责任感
选择"重要"的人数	10	7	10	6	5
百分比/%	83.3	58.3	83.3	50.0	41.7

如表4-27、表4-28所示，根据心理健康与社会适应领域的三级指标重要程度的调查结果，意志品质指标的三级指标包括在足球运动中表现出克服困难的精神、比赛失利后不垂头丧气，它们的权重均为0.50。体育道德指标的三级指标包括在足球运动中乐于保护和帮助同学、遵守足球运动规则并初步规范自我体育行为，这两个指标的权重分别为0.43、0.57。合作精神与能力指标的三级指标包括在足球运动中适应新的合作环境、在足球运动中乐于交流与合作，这两个指标的权重分别为0.40、0.60。利用足球运动

调节情绪的能力指标的三级指标包括对情绪不佳时选择足球运动作为缓冲的依赖性、在足球运动中对不良情绪的有效控制,这两个指标的权重分别为 0.33、0.67。责任感指标的三级指标包括认真履行自己的职责、主动参与场地器材的管理,它们的权重分别为 0.57、0.43。

表 4-27　心理健康与社会适应领域的三级指标
重要程度专家调查结果(*n*=10)

三级指标	选择"重要"的人数	百分比/%
在足球运动中表现出克服困难的精神	2	20.0
比赛失利后不垂头丧气	2	20.0
在足球运动中乐于保护和帮助同学	3	30.0
遵守足球运动规则并初步规范自我体育行为	4	40.0
在足球运动中适应新的合作环境	4	40.0
在足球运动中乐于交流与合作	6	60.0
对情绪不佳时选择足球运动作为缓冲的依赖性	1	10.0
在足球运动中对不良情绪的有效控制	2	20.0
认真履行自己的职责	4	40.0
主动参与场地器材的管理	3	30.0

表 4-28　心理健康与社会适应指标权重一览表

一级指标	二级指标	三级指标
心理健康与 社会适应 （0.26）	意志品质（0.26）	在足球运动中表现出克服困难的精神（0.50）
		比赛失利后不垂头丧气（0.50）
	体育道德（0.18）	在足球运动中乐于保护和帮助同学（0.43）
		遵守足球运动规则并初步规范自我体育行为（0.57）
	合作精神与能力 （0.26）	在足球运动中适应新的合作环境（0.40）
		在足球运动中乐于交流与合作（0.60）
	利用足球运动 调节情绪的能力 （0.16）	对情绪不佳时选择足球运动作为缓冲的依赖性（0.33）
		在足球运动中对于不良情绪的有效控制（0.67）
	责任感（0.13）	认真履行自己的职责（0.57）
		主动参与场地器材的管理（0.43）

四、小学生足球课程学习综合评价的操作方法及实施注意事项

（一）小学生足球课程学习综合评价的操作方法

根据体育教学实践，小学生足球课程学习综合评价可以分以下 3 个步骤进行：① 前期准备：进一步明确评价的指导思想，设立评价小组，准备评价工具；② 实施评价：创造良好的评价氛围，通过教师评价，学生自评和组内互评，收集评价信息，做出综合评价；③ 评价分析：撰写评价报告，分析与处理评价结果，解释与反馈评价结果，给予帮助或提出建议。

（二）小学生足球课程学习综合评价的实施注意事项

小学体育教育工作者应该从思想上认识到足球课程学习综合评

价的重要性，还要关注小学生足球课程学习综合评价的结果及应用，通过对结果的严谨判断和理性分析，认识到足球课程教学中存在的问题，并对症下药，促进足球课程教学的发展。

另外，学校要考虑到不同地区、不同年龄、不同性别学生的个体差异，避免笼统地采用统一的指标。对于普通小学来说，建议在应用评价指标体系时，根据本校足球课程教学工作的实际情况做出相应的修改，以顺利完成本校足球课程的教学任务。在评价完成以后，建议将结果及时反馈给学生、家长及教学管理相关工作人员，以便形成合力，共同促进学生进步。体育教育相关工作人员应根据反馈结果，发现并解决足球课程教学中存在的问题。教师、学生及其他相关人员应把评价看成一个学习的过程，通过评价发现存在的缺点和不足，不断完善和提高。

小学生足球课程学习综合评价与教育目标密切相关。随着教育目标的不断发展变化，小学生足球课程学习综合评价指标体系也应相应地变化，在实践中不断加以完善，以满足学生全面发展的需要。

第五章

体育学业评价：初中毕业生升学
体育考试研究专题

第一节　初中毕业生升学体育考试研究的依据

一、初中毕业生升学体育考试是我国学校体育的特色和学生体质健康状况的反映

　　1990 年 3 月，《学校体育工作条例》规定体育课是学生毕业、升学考试科目。2007 年 5 月，《中共中央 国务院关于加强青少年体育增强青少年体质的意见》明确提出："全面组织实施初中毕业升学体育考试，并逐步加大体育成绩在学生综合素质评价和中考成绩中的分量；积极推行在高中阶段学校毕业学业考试中增加体育考试的做法。"按照教育部关于中考体育改革的有关通知的要求，各地区对中考体育的内容及评分方法进行了不断改革。

　　初中毕业生升学体育考试是全面贯彻党的教育方针，推动学校体育工作和鼓励学生参与体育锻炼的有效措施。因此，在思考我国学校体育特色和学生体质健康状况的各类命题时，初中毕业生升学体育考试对学生体质健康的影响已变得十分深刻。

二、初中毕业生升学体育考试对学校体育的综合影响不可被忽视

1990 年 3 月，《学校体育工作条例》颁布，明确规定体育课是学生毕业、升学考试科目。2019 年 6 月印发的《中共中央 国务院关于深化教育教学改革全面提高义务教育质量的意见》指出，开齐开足体育课，将体育科目纳入高中阶段学校考试招生录取计分科目。体育考试的综合效益正在受到教育行政管理部门、学校、教师和家长的广泛关注。

我国初中毕业生升学体育考试的发展历史表明，初中毕业生升学体育考试是现代学校体育工作非常重要的组成部分，也是影响学生体育课成绩、学生参加体育锻炼的情况、开展阳光体育运动的重要因素。

初中毕业生升学体育考试工作在不断发展中如何实现有效改革，是当前我国初中毕业生升学体育考试面临的重要问题。对初中毕业生升学体育考试成绩的分析就是说明、报告、反馈考试结果的过程，也是研究的过程。对初中毕业生升学体育考试成绩的研究与对体育课程教学评价结果的解释一样，是整个考试过程中必不可少的一环。从能够提高学生体质健康水平的角度出发，以分数为依据对学生的考试结果进行分析能够保持客观性。因此，以对初中毕业生升学体育考试成绩的分析为突破口，研究青少年体育运动的发展情况，探索新规律、提供新对策成为学界不可推卸的社会责任。

三、初中毕业生升学体育考试对学校体育研究提出新的研究课题

提高青少年健康水平成为社会科学和自然科学研究的共同课题，其研究角度是多种多样的，也产生了丰富的成果。在这些研究中，无论研究者的背景、出发点有什么不同，学校体育都是一个重要的环节，这也足以说明学校体育对促进青少年健康的重要作用。

因此，探究初中毕业生升学体育考试对提高青少年健康水平的影响无疑是体育学研究中一个重要的方面。

从分析初中毕业生升学体育考试成绩的角度探讨其对学生体质健康的影响，对学校体育研究者而言是一种新的尝试。在本研究中，初中毕业生升学体育考试成绩分析被当作探究学校体育工作的一个独特的切入点，主要原因有 4 个。

第一，初中毕业生升学体育考试说明体育在教育中处于不可忽视的地位，学生体质健康受到重视。然而，在有关学生体质健康的研究中，研究者对初中毕业生升学体育考试工作的影响的认识仍停留在感性层面。

第二，运用教育评价理论对初中毕业生升学体育考试进行研究，有可能开拓新的体育理论研究领域。

第三，认真落实"健康第一"的指导思想，把增强学生体质作为学校教育的基本目标之一。增强学生体质是一项系统工程，在学校体育工作中，对初中毕业生升学体育考试成绩进行分析，有助于这项系统工程的推进。

第四，第二次世界大战以后，世界各国学校体育思想的发展推动了学校体育的变革，学校体育呈现出一些新的特点，其中之一是推行体育测试制度。为了配合学校体育课程，各国还推行了体育测试达标制度[①]。尽管我国学校体育工作已经取得了卓越的成就，但是目前研究者仍在从各种角度进一步探究初中毕业生升学体育考试在促进学校体育工作中扮演的角色，以及如何促进其发挥功能，这无疑是具有挑战性的。

---

① 周登嵩. 学校体育学[M]. 北京：人民体育出版社，2004.

第二节　初中毕业生升学体育考试
制度发展历程回顾

　　基于社会各界对青少年体质健康的关注，初中毕业生升学体育考试制度已经历了 40 多年的发展。初中毕业生升学体育考试制度的发展历程可以被归纳为起始实验阶段、探索发展阶段、全面深化阶段和改革发展阶段。

一、初中毕业生升学体育考试制度的起始实验阶段

　　初中毕业生升学体育考试制度的兴起和发展有一个历史过程。为了准确定位学校体育事业的发展，我们有必要对之前的相关研究进行科学的论述与评析。

　　根据《新中国学校体育 50 年回顾与展望》，1979 年，上海市崇明中学在录取新生时加试体育[①]。1979 年 10 月，国家教育委员会（后文简称国家教委）、国家体育运动委员会发布了《高等学校体育工作暂行规定（试行草案）》和《中、小学体育工作暂行规定（试行草案）》，标志着我国初中毕业生升学体育考试制度进入启动阶段。1982 年，广西壮族自治区柳州市召开了初中毕业生升学体育考试座谈会。当时，全国已经有 24 个省、自治区、直辖市的全部或部分地区进行体育考试试验。1990 年 3 月《学校体育工作条例》正式颁布。该条例规定体育课是学生毕业、升学考试科目，学校体育工作应当作为学校工作考核的一项基本内容。

---

　　① 曲宗湖，刘绍曾，邢文华. 新中国学校体育 50 年回顾与展望[M]. 北京：北京体育大学出版社，2000.

为落实《学校体育工作条例》，1990 年 5 月，国家教委体卫司在河南省周口市召开了中等学校招生体育考试试点工作座谈会。1992 年，国家教委下发了《关于印发〈初中毕业生升学考试体育试点工作意见〉的通知》，实施初中毕业生升学（升入普通高中、职业高中、中等专业学校和中等师范学校）体育考试，考试成绩计入升学总分。1993 年 4 月，国家教委体卫司在广东省深圳市召开会议，印发了《初中毕业生升学考试体育试点工作方案》，实验地区汇报了体育考试的进展情况。除了国家教委指定的 9 个试点省市，全国还有十多个省市进行了升学考试体育试点工作。

1994 年，国家教委重点加强初中毕业生升学考试体育试点工作，开展了"到阳光下、到操场上、到大自然中去陶冶身心"等活动。1995 年，国家教委体育卫生与艺术教育司下发了《全国继续试行初中毕业生升学考试体育工作方案》，并于当年 5 月在辽宁省锦州市召开现场会。根据《学校体育工作条例》中体育课是"学生毕业、升学考试科目"的规定，1997 年 11 月，《国家教委关于印发〈初中毕业生升学体育考试工作实施方案〉的通知》发布，我国全面实行初中毕业生升学体育考试制度。

1997 年，初中毕业生升学体育考试制度已在 28 个省、自治区、直辖市的全部或部分地区试行。经过多年努力，我国在该项工作中已积累了比较丰富的经验。

在起始实验阶段，实验探索及经验积累是重点，为初中毕业生升学体育考试制度的实施创造了条件，也为今后的学校体育工作提供了足够的政策指引与行动框架。

二、初中毕业生升学体育考试制度的探索发展阶段

在实践过程中，初中毕业生升学体育考试制度的实施经历了探索发展阶段。相关部门制定并实施了一系列的政策、法规。

1997 年 11 月,《国家教委关于印发〈初中毕业生升学体育考试工作实施方案〉的通知》指出,从 1998 年开始,全面实施"体育考试",实施对象为所有参加升学(即升入普通高中、职业高中、中等专业学校和中等师范学校)考试的初中毕业生。"体育考试"成绩必须计入各类升学的录取总分。1999 年,《关于初中毕业、升学考试改革的指导意见》指出,体育考试分数一般应为中考总分的 5%。要严格体育课的考勤制度,积极试行将体育课成绩和平时参加体育锻炼的情况计入体育考试总分。

2005 年 3 月,《教育部办公厅关于做好初中毕业升学体育考试安全工作的通知》指出,初中毕业生升学体育考试制度实施以来,各级教育行政部门已基本形成了一整套组织实施体育考试的办法和措施,许多地区的体育考试工作已达到了制度化、规范化的程度。应当充分认识到,由于体育考试的特殊性,安全防事故始终是体育考试工作的重要组成部分,是初中毕业生升学体育考试制度健康、持久贯彻实施的保障。

以上介绍了关于初中毕业生升学体育考试制度在探索发展阶段的历史轨迹。通过考察和分析这一阶段的轨迹,我们可以清楚地看出,机制建设一直是初中毕业生升学体育考试制度在探索发展阶段的重点,改革主要聚焦于考核内容、方法和措施等。

三、初中毕业生升学体育考试制度的全面深化阶段

在实验探索的基础上,随着我国政府高度重视青少年健康素质,相关部门制定了若干相关政策和条例,以促进初中毕业生升学体育考试制度的实施。

2006 年 12 月,教育部、国家体育总局明确提出了改革、完善学生毕业、升学体育考试制度,深化体育考试内容和形式的改革。

2007 年 5 月,《中共中央 国务院关于加强青少年体育增强青少

年体质的意见》明确提出，全面实施《国家学生体质健康标准》，把健康素质作为评价学生全面健康发展的重要指标。全面组织实施初中毕业升学体育考试，并逐步加大体育成绩在学生综合素质评价和中考成绩中的分量。

2007 年 9 月，《教育部办公厅关于在部分地区开展初中毕业升学体育考试试点工作的通知》提出，在唐山市、锦州市、常州市、郑州市、青岛市、武汉市、长沙市组织开展初中毕业生升学体育考试改革试点工作。试点工作的主要内容和目标，一是将初中毕业生升学体育考试内容与《国家学生体质健康标准》测试项目和要求有机结合，充分发挥《国家学生体质健康标准》激励和促进学生参加体育锻炼的作用。二是将初一、初二年级学生所测的《国家学生体质健康标准》成绩和学生平时体育课成绩按一定比例计入初中毕业生升学体育考试成绩，以此促使初中阶段的学生都能积极参加体育锻炼。

在相关政策文件中，在加强初中毕业生升学体育考试实验的基础上，我国基础体育教育把健康素质作为评价学生全面健康发展的重要指标，并规定了具体计分要求。随着时代的发展，我国基础体育教育不断改革，将初中毕业生升学体育考试成绩纳入多元的学生综合素质评价成为重点。

四、初中毕业生升学体育考试制度的改革发展阶段

为进一步贯彻落实相关文件精神，2008 年，我国各地不断完善初中毕业生升学体育考试各项政策，推进初中毕业生升学体育考试改革。为保证 2009 年初中毕业生升学体育考试工作的顺利进行，特别是为制定实施细则做好各项准备工作，各地在部分学校先行开展改革试点工作，积累经验，完善工作环节，对《国家学生体质健

康标准》测试器材和体育集中测试工作做出必要的专项经费安排，初中毕业生升学体育考试全面实施。

各地区根据教育部关于中考体育考试改革的有关通知要求，全面实施初中毕业生升学体育考试，并对中考体育测试内容及评分办法进行了不断改革。这些都表明地方对国家政策的积极响应，进一步加大了提高青少年体质工作的力度，也表明了提高学生健康素质的决心。

2016 年 9 月，《教育部关于进一步推进高中阶段学校考试招生制度改革的指导意见》提出了将体育科目纳入录取计分科目等多项改革措施。2019 年 6 月《中共中央 国务院关于深化教育教学改革全面提高义务教育质量的意见》，2020 年 8 月《体育总局 教育部关于印发深化体教融合 促进青少年健康发展意见的通知》，以及 2020 年 10 月中共中央办公厅、国务院办公厅印发的《关于全面加强和改进新时代学校体育工作的意见》，都提出将体育科目纳入学业水平考试。

总体来说，国家对初中毕业生升学体育考试政策的不断颁布、更新是初中毕业生升学体育考试发展和实施的有力保障。初中毕业生升学体育考试纳入录取计分科目是我国初中毕业生升学体育考试制度处于改革发展阶段的有力体现。

综上所述，增强青少年体质是我国学校体育一直以来的工作重点。在经历了起始实验阶段、探索发展阶段、全面深化阶段和改革发展阶段后，初中毕业生升学体育考试纳入录取计分科目，这是我国不断探索学校体育改革的重要举措。学校体育管理及相关政策法规的制定是初中毕业生升学体育考试制度实施的基本保障和依据。强调此制度实施的重要性，同时在改革措施上提出具体要求，保障此项工作的开展，不仅会促进初中毕业生升学体育考试制度的改革，也关系到学校体育工作环境和青少年的健康成长。

40 多年来，我国不断探索，确立了有效的目标、实施途径及监督机制，促进了初中毕业生升学体育考试制度的切实落实，加强了学校体育建设。

第三节 初中毕业生升学体育考试改革网络文本分析

自 2016 年 9 月《教育部关于进一步推进高中阶段学校考试招生制度改革的指导意见》印发，将体育科目纳入录取计分科目后，各地区积极发布公告，对该政策进行民意调查。相关内容的网络关注度明显提高，初中毕业生升学体育考试更受社会各界重视。网络关注的热点问题主要包括政策实施力度与监管问题、与文化课的平衡问题、体育设施建设问题和初中毕业生升学体育考试分数的公平性问题。本部分主要通过网络文本分析法，借助"八爪鱼"数据采集系统采集网络媒体平台上关于"初中毕业生升学体育考试改革"的网络文本材料，并借助 ROST CM6 软件对网络文本材料进行梳理和文本词频分析，旨在对网络媒体平台上关于初中毕业生升学体育考试改革的全景进行探究和反思。

一、网络表达形成体育学业评价改革的新型舆论场

当今社会，互联网成为人们生活的重要组成部分。根据中国互联网络信息中心第 44 次《中国互联网发展状况统计报告》的统计，截至 2019 年 6 月，我国网民规模达 8.54 亿，较 2018 年底增长 2598 万，互联网普及率达 61.2%，较 2018 年底提升 1.6 个百分点。公众可

以通过社交媒体平台便捷地获取政策信息，自由地表达自己对政策的观点，因此社交媒体上产生的数据流成为了解政策响应情况的宝贵信息来源，社交媒体已经成为社会话题的传播中心和传播媒介①。社交媒体打破了地理位置在沟通交流方面的限制，社交网络服务成为互联网的一个重要组成部分②。网络表达是依托网络媒体传播被一定数量的公众关注的话题信息③。根据对公众关注度的大数据的分析，媒体对某一议题的报道可以增加公众在社交媒体上对该议题的讨论度，从而得出公众关注度与公众在社交媒体上发布信息的数量呈正相关的研究结论④。我们查阅文献发现，初中毕业生升学体育考试相关研究较多，但分析网络用户对初中毕业生升学体育考试改革的关注度的研究还不多见。

在初中毕业生升学体育考试被纳入录取计分科目后，社会大众通过网络平台对该政策的发布与实施情况持续进行关注与讨论。本部分采用网络文本分析法对网络文本材料进行采集、挖掘与分析，解析初中毕业生升学体育考试改革政策发布后网络关注、政策响应与热点话题的全景状况。新浪微博、知乎等平台作为我国目前主要的信息讨论发布平台，包含我国大部分网络用户的主观意见。本专题选取新浪微博、知乎及搜索引擎的搜索内容作为研

① 吴信东，李毅，李磊. 在线社交网络影响力分析[J]. 计算机学报，2014，37（4）：735–752.

② 朱多刚. 国内社交媒体用户持续使用研究现状[J]. 现代情报，2019，39（9）：131–141.

③ 周亚东，孙钦东，管晓宏，等. 流量内容词语相关度的网络热点话题提取[J]. 西安交通大学学报，2007，41（10）：1142–1145.

④ NEUMAN W R，GUGGENHEIM L，JANG S M，et al. The dynamics of public attention: agenda–setting theory meets big data [J]. Journal of communication，2014，64（2）：193–214.

究对象，其中搜索引擎的搜索内容作为补足研究内容。我们通过对采集的文本内容进行阅读和整理，了解网络用户对初中毕业生升学体育考试改革的关注度及响应情况，并采用 ROST CM6 软件对采集文本进行词频分析，以期对关于该话题网络用户关注的热点问题进行思考与反思，并了解社会对相关政策发布的关注情况，为进一步完善初中毕业生升学体育考试制度及落实工作提供支持。

二、初中毕业生升学体育考试改革政策的网络关注

本专题以新浪微博、知乎等信息讨论发布平台作为主要的文本材料采集平台。在知乎平台上，自政策发布日起到 2020 年 10 月，以"体育中考纳入录取计分科目"为主题词，搜索到相关问答 205 条，关注此问题的用户数量为 6 056 人，浏览量为 1 462 514 次。在作为社会大众主要交流平台的新浪微博平台上，将每年 9 月 20 日作为时间分界点，以"体育中考改革"为主题词进行搜索。图 5-1 是 2016 年 9 月 20 日—2020 年 10 月 1 日新浪微博"体育中考改革"博文数量走势。

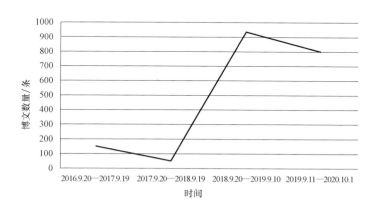

图 5-1　2016 年 9 月 20 日—2020 年 10 月 1 日

新浪微博"体育中考改革"博文数量走势

由图 5-1 可知，在政策发布后，新浪微博平台上"体育中考改革"相关博文中，2016 年 9 月 20 日—2017 年 9 月 19 日博文数量为 155 条，2017 年 9 月 20 日—2018 年 9 月 19 日为 54 条，2018 年 9 月 20 日—2019 年 9 月 10 日为 938 条，2019 年 9 月 11 日—2020 年 10 月 1 日为 804 条。

2019 年 6 月的《中共中央 国务院关于深化教育教学改革全面提高义务教育质量的意见》、2020 年 8 月的《体育总局 教育部关于印发深化体教融合 促进青少年健康发展意见的通知》，以及 2020 年 10 月中共中央办公厅、国务院办公厅印发的《关于全面加强和改进新时代学校体育工作的意见》，都提出将体育科目纳入学业水平考试，引发了公众对这一热点问题的网络讨论。随后，政府部门相继公布了初中毕业生升学体育考试改革的意见、通知，网络平台上的博文数量迅速增加，这一问题的网络关注度再次提高并仍处于不断上升的趋势。由此可见，随着初中毕业生升学体育考试改革的不断深化，初中毕业生升学体育考试成为当代学生、家长和社会更加关注的内容。

三、初中毕业生升学体育考试改革政策的话题响应

（一）初中毕业生升学体育考试改革政策各省市话题响应

根据网络搜索，自 2016 年 9 月《教育部关于进一步推进高中阶段学校考试招生制度改革的指导意见》印发后，我国各省市响应国家政策，不断出台中考改革实施意见和实施方案。例如，2017 年 9 月，陕西省教育厅发布《陕西省高中阶段学校招生制度改革实施意见》和《关于印发〈陕西省高中阶段学校招生制度改革实施意见〉的通知》。2018 年 12 月，贵州省教育厅发布《贵州省教育厅关于进一步推进高中阶段学校考试招生制度改革的实施意见》，首次对体育科目纳入高中阶段学校考试计分科目提出实施意见。同月，贵阳市教育局发布

《贵阳市高中阶段学校考试招生制度综合改革试点工作实施意见》，对体育科目纳入高中阶段学校考试计分科目进一步进行试点实施。2018 年 12 月，成都市教育局发布《成都市教育局关于进一步推进高中阶段学校考试招生制度改革的实施方案》，将体育与健康科目计分成绩由原来的 50 分提高到 60 分。2019 年 7 月，广东省教育厅发布《广东省教育厅关于普通高中体育与健康等科目学业水平考试工作的指导意见》，将体育与健康科目纳入普通高中学业水平考试。

（二）初中毕业生升学体育考试改革政策网络话题响应

在社会大众的不断关注下，教育部门和新闻媒体就热点话题，通过网络新闻媒体、教育网站发布问卷，网络用户在新浪微博等网络交流平台提出对相关政策的意见和观点。

我们通过在网络中检索，获取了诸多响应初中毕业生升学体育考试改革政策的新闻，内容主要涉及改革过程中城乡之间的资源、环境差异等问题。

在新浪微博平台上以"体育纳入计分科目"为主题词，搜索相关热门微博、原创微博及其他微博，结果如表 5-1 所示。在新浪微博平台上搜索到 3 个热点话题，分别是"体育将纳入高中招生计分科目""将体育纳入高中招生计分科目""体育纳入高中招生计分科目"，具体如表 5-2 所示。

表 5-1　新浪微博平台搜索内容指标（单位：条）

时间	热门微博	原创微博	其他	总计
2016.9.20—2017.9.19	5	31	119	155
2017.9.20—2018.9.19	3	16	35	54
2018.9.20—2019.9.10	123	541	274	938
2019.9.11—2020.10.1	34	105	665	804
总计	165	693	1093	1951

表 5–2　新浪微博平台搜索热点话题指标

热点话题	阅读量/次	评论量/条
体育将纳入高中招生计分科目	2.9 亿	2.2 万
将体育纳入高中招生计分科目	11.4 万	43
体育纳入高中招生计分科目	292.2 万	194

　　知乎平台上对于该话题的响应主要集中在"如何看待 2019 年 6 月 23 日印发的《中共中央　国务院关于深化教育教学改革全面提高义务教育质量的意见》？"的提问上，有 194 个回答、830 746 次浏览，关注此问题的用户数量为 4301 人。

　　社交平台上的文本言论是我们了解大众政策响应情况的重要信息来源①。与初中毕业生升学体育考试改革相关的社交平台上的个人发文量、阅读量和评论量等体现了社会大众不断关注并响应该政策的发布与实施。我国各省市自政策出台后，将国家顶层政策作为参照体系，不断发布相关意见征询通知、改革意见通知和政策实施方案通知等，以细化中央政策内容，从而推动地方政策的落实。教育部门与新闻媒体等在网络平台上通过讨论帖、调查问卷等方式对教师和学生进行访谈，询问教师和学生对该政策的发布与实施的看法，得到了普遍关注和积极响应。

四、初中毕业生升学体育考试改革政策的网络热议话题与反思

（一）初中毕业生升学体育考试改革政策的网络热议话题

　　在政策具体实施的过程中，社会大众针对初中毕业生升学体育

---

　　① HARRISON T M. Building government's capacity for big data analysis[C]// Proceedings of the 15th Annual International Conference on Digital Government Research. ACM，2014：306–308.

考试改革的公平性、有效性进行情境依赖性评价，并进一步对执行者等进行个人评价①。为了解社会大众对初中毕业生升学体育考试改革在实施过程中的个人评价，本专题通过 ROST CM6 软件对采集的网络文本进行分词处理，"初中毕业生升学体育考试改革"话题高频词如表 5–3 所示。

表 5–3 "初中毕业生升学体育考试改革"话题高频词

体育	纳入	成绩	健康	每天	中国	双脚	每个	比赛	增强
中考	考试	体质	问题	天天	大力	百米	及格	初三	家长
足球	计分	时间	分数	校园	证明	意见	学习	阶段	坚持
学生	学校	毕业	压力	早就	足球场	安排	旁观	影响	上课
高中	老师	跑步	天生	文化课	跳远	今年	读书	漫步	操场
身体	体育课	大学	篮球	国家	介入	全面	德智体	痛经	不够
高考	招生	教育	训练	政策	增加	负担	当年	免试	作业
孩子	发展	素质	文化	重视	公平	放过	小学	建议	反正
锻炼	科目	项目	初中	高中生	数学	强制	睡觉	每次	难道
运动	满分	睡眠	提高	时代	踢球	然后	保证	标准	同学

由表 5–3 可知，初中毕业生升学体育考试改革话题高频词包括"体育""中考""学生""孩子""锻炼""运动"等政策常规性词语，其余词语则代表网民在该政策发展过程中的讨论内容，具体分析如下。

第一，"校园""学校""国家"等词语表明国家层面、学校层面如何执行该政策是社会大众讨论的话题之一，说明国家政策和学校

① 钟文晶，罗必良. 公共政策及其响应：基于农民信任机制的解释——以农地确权政策为例[J]. 中国农村观察，2020（3）：42–59.

教育直接影响初中毕业生升学体育考试改革的成败。

第二，"文化课""数学""睡眠"等词语则表明社会大众对政策实施后可能出现的问题的关注。面对初中毕业生升学体育考试要求的提高，学生必然会增加体育锻炼的时间，随之而来的可能是文化课学习时间的减少及睡眠不足等。

第三，"足球""跳远""足球场"等词语则主要体现了该政策实施过程中社会大众对考试内容设置和场地设施保障的关注。

第四，"天生""痛经""公平"等词语则体现了社会大众对该政策实施过程中公平性和学生身体差异的讨论。其中，"天生"和"痛经"为代表性词语，代表了人们对一些影响学生参加初中毕业生升学体育考试的因素的关注。

综上所述，对于初中毕业生升学体育考试改革政策，社会大众的热议话题以国家、学校层面的政策执行力度，学生文体学习平衡，体育设施建设，以及影响学生参加初中毕业生升学体育考试的因素为主，说明社会大众对初中毕业生升学体育考试改革政策支持和担忧共存。

（二）初中毕业生升学体育考试改革的反思

初中毕业生升学体育考试改革得到了学校、教师、学生、家长等的广泛关注，是促进学生健康的重要举措之一，其目的在于通过增加初中毕业生升学体育考试的分值，提高社会大众对学生进行体育锻炼的重要性的认识。对于社会大众关于"初中毕业生升学体育考试改革"的热议话题所表达的内容，我们需要进行思考。

第一，各级学校落实政策的情况对初中毕业生升学体育考试改革的实施具有直接影响。因此，教育相关部门、学校领导需要进一步强化自身职责并加大监管力度，提高对学生进行体育锻炼的重视程度，以提高学生体质健康水平为目标，为学生进行安全有效的体育锻炼提供更多机会。

第二，随着初中毕业生升学体育考试制度的实施，体育科目分值比例逐渐提高，学生进行体育锻炼的时间增加，文化课的学习压力相应地有所增加。尽管目前文化课减负减压政策正在实施，但只依赖国家政策要求来减轻学生压力，作用较小，还需提高全社会对学生体质健康的重视程度，提高社会大众对体育锻炼价值的认同感，这样才能使初中毕业生升学体育考试制度真正得到落实。

第三，体育场地设施是进行体育锻炼的必要条件。目前，社会和学校的体育设施处于不断建设中，以保障学生能够使用安全的、完备的运动场地设施，满足课内外和校内外的体育锻炼需求。

第四，女性生理期或先天身体条件等是影响初中毕业生升学体育考试成绩的因素。建议教师加强体育学业的形成性评价，同时重视体育健康知识的传授，这有助于学生掌握体育运动安全防护和急救基本知识，这些知识是学生进行终身体育锻炼的必备知识。

五、初中毕业生升学体育考试改革政策与实施的讨论

当今，随着互联网的迅速发展，社会大众普遍通过网络平台对各种事情发表看法，采集分析网络文本信息也成了搜集与分析民意的新兴手段和主流方式。初中毕业生升学体育考试改革政策出台后，社会大众通过新浪微博、知乎等平台对该政策进行了关注与响应。与此同时，各省市相继出台相关响应政策，逐级逐步落实初中毕业生升学体育考试改革。社会大众在网络平台上针对改革政策进行了讨论，主要热点话题包括国家、学校等层面的政策执行力度，学生文体学习平衡，体育设施建设，以及影响学生参加初中毕业生升学体育考试的因素。

通过对初中毕业生升学体育考试改革政策的网络热议话题进行分析与反思，我们认为，落实初中毕业生升学体育考试改革政策需要国家、学校等层面加大政策执行力度，提高对体育运动的重视程度，同时要保证学生文体学习的平衡。此外，社会思想的转变对提高社会大众对体育的认同感具有重要作用，要完善体育设施使用和维护制度，保障学生体育锻炼的外部安全。此外，学生自身需具备一定的体育健康知识，具备安全防护和急救的能力，以减少伤病出现，保证终身参与体育运动。

随着我国教育事业的不断改革、发展和完善，初中毕业生升学体育考试改革成为保障青少年拥有良好身体素质的重要措施。本部分利用网络文本分析法对政策出台后社会大众的关注、响应及热议话题进行分析，初步了解社会大众对政策落实情况与落实过程中的问题的探讨。随着各地区初中毕业生升学体育考试改革工作的推进，还需进一步完善各项措施，确保初中毕业生升学体育考试制度的落实。

第四节　初中毕业生升学体育考试成绩构成要素相关性研究专题

为了探究初中毕业生升学体育考试成绩构成要素（体育课成绩、阳光体育成绩、体质测试达标成绩与升学体育统一测试成绩）之间的关系，本专题以2009—2011年天津市初中毕业生升学体育考试改革实施方案上报的数据为例，分析初中毕业生升学体育考试改革的效果，以促进人们加深对体育考试改革工作的理解和认识。经过数据筛选，排除体育优秀生和半病免、全病免、残疾考生，2009年参加测试的考生有80 899人，2010年参加测试的考生有84 349人，2011年参加测试的考生有 87 959 人。

一、体育课成绩与升学体育统一测试成绩的相关性

升学体育统一测试主要考查身体素质。平时体育课上教师所进行的一系列教学活动和内容均与提高学生的身体素质密切相关。如何处理好日常体育课程教学和升学体育统一测试的关系？本部分将学生体育课成绩和升学体育统一测试各项成绩进行皮尔逊相关系数分析，发现两者具有显著的相关性（表 5–4）。

表 5–4　升学体育统一测试成绩与体育课成绩的相关性分析

年度	项目	必测项目成绩	选测项目一成绩	选测项目二成绩	总成绩
2009 年	体育课成绩	$R=0.245$（**）	$R=0.191$（**）	$R=0.157$（**）	$R=0.273$（**）
		$P=0.000$	$P=0.000$	$P=0.000$	$P=0.000$
2010 年	体育课成绩	$R=0.256$（**）	$R=0.217$（**）	$R=0.172$（**）	$R=0.294$（**）
		$P=0.000$	$P=0.000$	$P=0.000$	$P=0.000$
2011 年	体育课成绩	$R=0.258$（**）	$R=0.239$（**）	$R=0.230$（**）	$R=0.269$（**）
		$P=0.000$	$P=0.000$	$P=0.000$	$P=0.000$

注：**表示 $P<0.01$，说明两者显著相关。

如表 5–4 所示，学生体育课成绩与升学体育统一测试各项目成绩和总成绩存在显著相关性，即学生平时体育课分数越高，升学体育统一测试分数也越高。这一研究结果进一步说明，体育课是学校课程教学的重要组成部分，是学生学习体育基础知识、掌握基本体育技能的重要途径，是学校体育工作的中心环节。"健康第一"的指导思想对促进学生健康水平的提高起到了重要作用。

二、阳光体育成绩与升学体育统一测试成绩的相关性

"全国亿万学生阳光体育运动"在"健康第一"指导思想的引领下，以促进青少年健康的措施为保证。在众多相关研究中，阳光体育运动实施的成效问题无疑是不能被忽视的。研究阳光体育运动的实施成效，建立一种既符合"健康第一"的指导思想，又符合中国学校体育特色和阳光体育运动等理念的评价制度，已经成为初中毕业生升学体育考试研究的焦点和热点问题。阳光体育运动的开展对学生体质的影响有多大？如何定量测试这种影响力？阳光体育运动的开展是否会影响升学体育统一测试成绩？阳光体育成绩与升学体育统一测试成绩是否相关？相关程度有多高？针对这些问题，本部分根据天津市初中毕业生升学体育考试改革实施方案的上报数据，就 2010 年天津市初中毕业生八至九年级第一学期阳光体育成绩（1.5 分）与升学体育统一测试成绩（12 分）进行分析，研究二者的相关性及相关程度，以检验阳光体育运动的实施成效，为当前开展阳光体育运动和初中毕业生升学体育考试改革工作提供参考。

升学体育统一测试主要包括身体素质测试项目，与身体素质的提高密切相关。因此，本专题研究通过对升学体育统一测试成绩与阳光体育成绩进行相关性分析，进一步探索阳光体育运动的实施成效。

表 5-5 是对升学体育统一测试各项成绩与学生阳光体育成绩进行的相关性分析，分析结果表明，两者具有显著相关性，学生阳光体育成绩与升学体育统一测试各项成绩及总成绩都呈正相关。学生阳光体育成绩与升学体育统一测试总成绩相关性的分析结果（$R=0.068$，$P=0.000$）显示，学生阳光体育成绩与升学体育统一测试成绩之间存在显著相关性。

表 5–5 升学体育统一测试各项成绩与学生阳光体育成绩的相关性分析

项目	成绩	统计量	阳光体育成绩
升学体育统一测试	必测项目成绩	R	−0.040(**)
		P	0.000
	必测项目分数	R	0.066(**)
		P	0.000
	选测项目一成绩	R	0.033(**)
		P	0.000
	选测项目一分数	R	0.056(**)
		P	0.000
	选测项目二成绩	R	0.025(**)
		P	0.000
	选测项目二分数	R	0.029(**)
		P	0.000
	总成绩	R	0.068(**)
		P	0.000
		样本量	84 349

注：**表示 $P < 0.01$，说明两者显著相关。

本部分论证了阳光体育成绩与升学体育统一测试成绩的关系，并得出如下结论：第一，阳光体育运动的效果是累积的，是与体育课程教学和其他社会因素相联系的；第二，学生阳光体育运动的开展在各种因素的作用下影响升学体育统一测试成绩，最终影响学生的体质健康水平。

三、体质测试达标成绩与升学体育统一测试成绩的相关性

学生体质健康标准是促进学生体质健康发展、激励学生积极进行体育锻炼的教育手段，是学生健康的个体评价标准，也是学生毕业的基本条件。目前，对学生体质健康的研究主要集中于影响因素研究，如场地设施、学习压力、环境因素等。学生的体质测试达标成绩与升学体育统一测试成绩是否相关？相关程度有多高？初中毕业生升学体育考试是否会对学生体质健康产生影响？如何利用初中毕业生升学体育考试促进学生体质健康水平的提升？这些问题都需要进行系统的、进一步的研究。针对这些问题，本部分根据天津市初中毕业生升学体育考试改革实施方案的上报数据，就2010年天津市初中毕业生八年级体质测试达标成绩（4分）与升学体育统一测试成绩（12分）进行分析，研究二者的相关性及相关程度，以揭示初中毕业生升学体育统一测试对学生体质健康的影响，并促进人们加深对初中毕业生升学体育考试改革工作的理解和认识。

如表5-6所示，八年级体质测试达标成绩与升学体育统一测试成绩（各项目成绩、分数及总成绩）都呈正相关。体质测试达标成绩与升学体育统一测试总成绩（$R=0.306$，$P=0.000$）显示，体质测试达标成绩与升学体育统一测试的不同项目呈不同程度的显著正相关，体质测试达标成绩好，升学体育统一测试成绩就高。由此可见，初中毕业生升学体育考试对学生体质健康会产生积极的影响。

表5-6　八年级体质测试达标成绩与升学体育统一测试成绩的相关性分析

项目	成绩	统计量	八年级体质测试达标成绩
升学体育统一测试	必测项目成绩	R	−0.229（**）
		P	0.000

续表

项目	成绩	统计量	八年级体质测试达标成绩
升学体育统一测试	必测项目分数	R	0.286（**）
		P	0.000
	选测项目一成绩	R	0.049（**）
		P	0.000
	选测项目一分数	R	0.202（**）
		P	0.000
	选测项目二成绩	R	0.088（**）
		P	0.000
	选测项目二分数	R	0.183（**）
		P	0.000
	总成绩	R	0.306（**）
		P	0.000
		样本量	84 349

注：**表示 $P < 0.01$，说明两者显著相关。

四、学业评价对学生体质健康的影响实证分析

本部分以 2010 年天津市初中毕业生八年级体质测试达标成绩为分析对象，研究体质测试达标成绩与升学体育考试总成绩（体育课成绩、阳光体育成绩和升学体育统一测试成绩）的相关性和相关程度。研究内容主要为 4 分的八年级体质测试达标成绩，22 分的初中毕业生升学体育考试总成绩（其中，4.5 分为八至九年级第一学期体育课成绩，1.5 分为八至九年级第一学期阳光体育成绩，4 分为八

年级体质测试达标成绩，12 分为升学体育统一测试成绩）。研究旨在揭示体育课程、阳光体育运动和初中毕业生升学体育考试对学生体质健康的影响，以促进人们加深对初中毕业生升学体育考试改革工作的理解和认识。

表 5–7 是八年级体质测试达标成绩与升学体育考试总成绩的相关性分析。分析结果表明，二者显著相关（$R=0.618$，$P=0.000$）。也就是说，体质测试达标得分越高，升学体育考试总成绩越好。反之，学生升学体育考试总成绩越好，体质测试达标得分也越高。因此，我们可以认为体育课程教学和升学体育统一测试对学生体质健康会产生积极的影响。

表 5–7　八年级体质测试达标成绩与升学体育
考试总成绩的相关性分析

项目	统计量	升学体育考试总成绩
八年级体质测试达标成绩	R	0.618（**）
	P	0.000
	样本量	84 349

注：**表示 $P<0.01$，说明两者显著相关。

为了进一步说明学生体质测试达标成绩与升学体育考试总成绩的显著相关性，我们将八至九年级第一学期体育课成绩（4.5 分），八至九年级第一学期阳光体育成绩（1.5 分）和升学体育统一测试成绩（12 分）逐一与八年级体质测试达标成绩进行相关性分析（表 5–8）。

表5-8　八年级体质测试达标成绩与体育课成绩、阳光体育成绩和
升学体育统一测试成绩的相关性分析

项目	统计量	体育课成绩	阳光体育成绩	升学体育统一测试成绩
八年级体质测试达标成绩	R	0.571（**）	0.128（**）	0.306（**）
	P	0.000	0.000	0.000
	样本量	84 349	84 349	84 349

注：**表示 $P<0.01$，说明比较对象具有显著相关性。

　　分析发现，八年级学生体质测试达标成绩与体育课成绩、阳光体育成绩和升学体育统一测试成绩均存在相关性，R 分别为 0.571，0.128，0.306；按相关程度由高到低排序为体育课成绩、升学体育统一测试成绩、阳光体育成绩。这进一步说明，体质测试达标得分越高的学生，其体育课成绩、升学体育统一测试成绩、阳光体育成绩越好，证实了体育课程教学、升学体育统一测试和阳光体育运动对学生体质健康产生了积极的影响。

五、初中毕业生升学体育考试形成性评价实证分析

　　初中毕业生升学体育考试形成性评价所涉及的"形成性"主要指在学校日常体育教学、体育活动和实施《国家学生体质健康标准》的过程中所反映出的体育学习行为、学习能力、学业成果等。形成性评价的目的是了解动态过程的效果，及时发现问题，及时反馈信息，及时解决问题，使计划方案不断完善，以便顺利

达到预期的发展目标[①]。我们认为，初中毕业生升学体育考试中的体育课成绩、阳光体育成绩和体质测试达标成绩是形成性评价，其目的在于发现学生在学校日常体育课程学习过程中的不足并进行矫正，而升学体育统一测试是终结性评价，仅在学校体育课程学习的结束阶段测试学生的学习状况。表 5-9 展示了 2010 年天津市初中毕业生升学体育考试的评价方式、内容和分值。

表 5-9　2010 年天津市初中毕业生升学体育考试
评价方式、内容、分值一览表

评价方式			评价内容	评价分值
形成性评价	体育课成绩	八至九年级第一学期体育课成绩	由体育课出勤率和课堂表现（10%）、体育健康专题知识（10%）、身体素质和运动能力（50%）、运动技能（30%）4 个部分构成	4.5 分
	阳光体育成绩	八至九年级第一学期阳光体育成绩	学生在八年级和九年级第一学期（共 3 个学期）参加学校大课间和课外活动的表现情况的记录	1.5 分
	体质测试达标成绩	八年级体质测试达标成绩	按照八年级体质测试达标的评分标准，必须选择耐力、速度、力量等不少于 3 项达标内容进行考核评定	4 分
终结性评价	升学体育统一测试	升学体育统一测试成绩	必测项目（800 m 跑、1 000 m 跑）、选测项目一（50 m 跑、立定跳远、跳绳）、选测项目二（掷实心球、引体向上、仰卧起坐）	12 分

---

① 蒋建洲. 中小学生发展性教育评价模式的建构[J]. 湖南师范大学教育科学学报，2002，1（3）：118-121.

随着时代的发展和改革的深入，天津市初中毕业生升学体育考试改革的基本原则是：坚持升学考试制度与学校体育教学（体育与健康课程）、体育活动（阳光体育运动）和实施《国家学生体质健康标准》有机结合，形成联动机制。

从 2010 年天津市初中毕业生升学体育考试评价实践中我们可以看出，初中毕业生升学体育考试形成性评价的内容会影响学生体育知识的掌握、体育技能的形成和发展，对于提高学生的体质健康水平发挥了重要的作用，使学生对体育运动的态度变得更加积极，参与体育运动的兴趣也随之提高，最后的学习效果在终结性评价（初中毕业生升学体育考试）中得以显现。

这些都说明，坚持将初中毕业生升学体育考试制度与学校体育教学、体育活动和实施《国家学生体质健康标准》有机结合，形成联动机制是初中毕业生升学体育考试改革的基本原则。学校体育工作的成功在很大程度上依赖形成性评价，它反映了学生学习目标的完成情况，并指导学生下一步的学习。

升学体育统一测试（12 分）是对教学质量进行检测和反馈的重要步骤，可被认为是终结性评价，表 5–10 是对升学体育统一测试成绩与体育课成绩、阳光体育成绩、体质测试达标成绩的相关性分析。

表 5–10 升学体育统一测试成绩与体育课成绩、阳光体育成绩、
体质测试达标成绩的相关性分析

项目	统计量	体育课成绩	阳光体育成绩	体质测试达标成绩
升学体育统一测试成绩	R	0.294（**）	0.060（**）	0.306（**）
	P	0.000	0.000	0.000

注：**表示 $P<0.01$，说明比较对象具有显著相关性；样本量为 84 349。

这里探讨的是升学体育统一测试成绩与体育课成绩、阳光体育成绩和体质测试达标成绩是否具有相关性。分析结果表明，升学体育统一测试成绩与体质测试达标成绩相关性最高（$R=0.306$，$P=0.000$），其次为与体育课成绩的相关性（$R=0.294$，$P=0.000$），最后为与阳光体育成绩的相关性（$R=0.060$，$P=0.000$）。

综上所述，本部分从 2 个方面论证了初中毕业生升学体育考试终结性评价和形成性评价的关系问题。第一，初中毕业生升学体育统一测试成绩与体育课成绩、阳光体育成绩、体质测试达标成绩和其他因素相联系；第二，学生体育课程的学习情况、阳光体育运动的开展情况、《国家学生体质健康标准》的实施等因素会影响升学体育考试总成绩，最终影响学生的体质健康水平。作为形成性评价的学生体育课成绩、阳光体育成绩、体质测试达标成绩对作为终结性评价的升学体育统一测试成绩有显著的影响。反之，升学体育统一测试成绩也会对学生的体育课成绩、阳光体育成绩和体质测试达标成绩产生正面的影响。

第六章

热点问题与特色：深化体育课程
教学学生学习评价的思考

第一节　体育课程教学学生学习评价的热点问题

  2020 年 10 月，中共中央办公厅、国务院办公厅印发的《关于全面加强和改进新时代学校体育工作的意见》指出，学校体育是实现立德树人根本任务、提升学生综合素质的基础性工程，是加快推进教育现代化、建设教育强国和体育强国的重要工作。推进学校体育评价改革作为积极完善评价机制的重要方面，强调建立日常参与、体质监测和专项运动技能测试相结合的考查机制，将达到国家学生体质健康标准要求作为教育教学考核的重要内容。作为学校体育的主要内容，体育课程教学评价机制应建立健全，体育教育工作者必须符合体育教育评价的本质要求，按照体育教育评价的原理来进行体育课程教学评价。体育教育工作者要以评价促发展为基点来进行学生体育课程学习评价和体育综合素质评价。

  体育课程教学评价被当作一种手段或措施，能够刺激体育课程教学活跃起来，其实质是一种适当的催化剂，可以最大程度地挖掘学生学习体育课程的内在潜力。体育课程教学评价会给学校体育改革贡献建设性力量吗？体育课程教学评价会改变体育课程教学的核心功能吗？它会带来什么样的改变？体育综合素质评价会代替现在的学生体质健康测试吗？我们应该如何看待学生体育学业评价这一中国特色学校体育工作？这些问题引起了体育教育工作者的思考。在学校体育新的发展形势下，我们需要重新审视体育课程教学评价，并以此为契机，全面认识体育课程教学评价带来的影响。

一、体育课程教学评价对学校体育改革的贡献

体育课程教学评价对学校体育改革有哪些贡献？学校体育改革是贯彻落实体育强国建设、深化中国特色学校体育发展的举措，其目标之一是促进体育课程教学质量的提高。更重要的是，学校体育改革引发了体育教育工作者对促进青少年健康成长的深入思考。因此，在学校体育改革的各类命题中，体育课程教学评价给学校体育改革贡献了建设性力量已毋庸置疑。

提高学生的综合素质是教育改革的重要方向。体育教育是学校教育的有机组成部分，有着特殊的职能和作用。目前，学校体育工作面临体育课程教学评价体系亟须进一步完善的挑战。学校体育课程教学评价应坚定树立"健康第一"的教育理念，面向全体学生，帮助学生在体育锻炼中享受乐趣、增强体质，对学校体育改革工作发挥建设性作用。学校在体育改革过程中应注重体育课程教学评价，提升体育教育现代化水平，为学校体育改革大局注入强大的建设性力量，同时促进青少年健康水平的提升。

面对学校体育百年未有之大发展，我们需要具备全局视野。作为促进青少年健康水平提升的手段，体育课程教学评价已成为体育课程教学核心功能发挥的建设性因素，以及学校体育改革的建设性力量。

二、关于学生体育课程学习评价与体育课程教学功能发挥的关系问题

学生体育课程学习评价会影响体育课程教学功能的发挥吗？学生体育课程学习评价是对体育课程教学效果进行价值判断的过程，以期最大程度地激发体育课程的活力。随着教育观念的变化，体育学科发展到特定的阶段并得到完善，这离不开体育课程教学评价。学生的体育发展可以通过学生体育课程学习评价来实现。除了选拔、甄别、激励与反馈，学生体育课程学习评价的一个基本功能是实现发展。从这个意义上讲，学生体育课程学习评价可以作为一种行为机制，及时提供反馈来完善学科建设。如果学科建设需要逐步完善，那么相应的评价也需要完善以适应新的模式。

学科评价涉及课程编制的各个方面，它自身也处于不断的发展变化中，其功能是多种多样的，有直接的也有间接的。相关研究显示，体育学科评价目前主要有以下几个功能：诊断和调节功能、激励和发展功能、教学功能和甄别功能[①]。体育课程教学评价的根本目的在于确立一种行为机制，改变体育课程教学方法，完善体育课程教学内容，促使学生经常参加体育锻炼，提高健康水平并掌握体育锻炼的方法，逐渐养成体育锻炼的习惯和终身体育的意识[②]。随着体育课程教学改革的深入，人们对评价的功能有了新的认识，评价不再仅仅为了甄别和选拔学生，更是为了促进学生发展。

设置体育课程教学目标应围绕体育课程教学评价的对象和目的。体育课程教学评价不仅仅是为了甄别和选拔学生，更要把评价的重心放到学生的发展上，对体育课程的实施情况进行分析评估，

---

① 邹玉玲，史曙生，顾渊彦. 体育课程导论[M]. 北京：人民体育出版社，2005.

② 潘绍伟，于可红. 学校体育学[M]. 2 版. 北京：高等教育出版社，2008.

发现课程和教学中存在的问题。此外，学校需要通过学生体育课程学习评价来了解体育课程建设的情况，这也是准确、全面认清体育课程建设的优势和问题的途径。

总体来说，学生体育课程学习评价强调的是体育课程教学中对学生"学"的评价，有助于检验体育课程教学目标的达成度。学生可以从体育课程中学到体育知识、运动技能，使自身不断发展。

三、关于学生体育综合素质评价与学生体质健康测试的关系问题

学生体育综合素质评价会代替学生体质健康测试吗？评价激活效应的根本在于管理方法，学校体育管理在强调科学化的同时，应更加人性化，以保证管理目标的实现。全面实施《国家学生体质健康标准》，要把健康素质作为评价学生全面健康发展的重要指标。体育综合素质评价围绕学生身体、心理和社会的三维健康观进行，是对青少年健康的重视，是对人的关怀，这已成为最广泛的共识。增强青少年体质、促进青少年健康成为学校体育教育的重要目标之一，这是对"以人为本"的最好注解。学生体质健康测试与当前学校体育改革实践中体育与健康课程改革、课外体育活动和体育学业水平考试的实质都是"健康第一"，这是对"健康第一"的最好注解。

学生体育综合素质评价具有提高作用，提高的是学生体质健康水平。学生体育综合素质评价给现有学生体质健康测试带来的一大变化就是突破了学生体质健康测试的方式、时间、内容等限制，提高了学生体质健康测试的有效性，大力推进了测试工作。自 2007 年《国家学生体质健康标准》全面实施以来，各级各类学校积极落实、积极探索，通过购买服务等形式，委托第三方机构对测试工作进行质量监控。学生体育综合素质评价虽然不会从根本上代替现在的学生体质健康测试，但是它会在很大程度上促进学生体质健康测试制

度的实施，让学生体质健康测试充分发挥作用，让学生体育综合素质评价的功能得到最大程度的发挥。

四、学生体育学业评价是否具有传统的终结性评价的局限性？

学生体育学业评价是否具有传统的终结性评价的局限性？2020年10月，中共中央办公厅、国务院办公厅印发的《关于全面加强和改进新时代学校体育工作的意见》提出推进学校体育评价改革。文件就积极完善评价机制指出："建立日常参与、体质监测和专项运动技能测试相结合的考查机制，将达到国家学生体质健康标准要求作为教育教学考核的重要内容。完善学生体质健康档案，中小学校要客观记录学生日常体育参与情况和体质健康监测结果，定期向家长反馈。将体育科目纳入初、高中学业水平考试范围。改进中考体育测试内容、方式和计分办法，科学确定并逐步提高分值。"初中毕业生升学体育考试工作是全面贯彻教育方针，落实《学校体育工作条例》，调动学生参与体育锻炼的积极性，促进学校体育工作开展的有效措施。

教育教学活动项目告一段落或完成以后的终结性评价的目的是了解教育教学活动达到预期目标的情况，即它的最终效果和效益[①]。升学体育统一测试对于初中阶段来说可以作为阶段性的终结性评价，其目的是评价学校体育工作的效果。初中毕业生升学体育考试中的体育课成绩、阳光体育成绩和体质测试达标成绩是形成性评价，其所涉及的"形成性"主要指在学校体育课程教学、课外体育活动和实施《国家学生体质健康标准》的过程中所反映的学生体育学习行为、学习能力、学业成果等，其目的是了解动态过程

---

① 蒋建洲. 中小学生发展性教育评价模式的建构[J]. 湖南师范大学教育科学学报，2002，1（3）：118–121.

的效果，及时发现问题、反馈信息、解决问题，使计划方案不断完善，以便顺利达到预期的发展目标①。随着时代的发展和改革的深入，初中毕业生升学体育考试改革按照升学考试制度、体育与健康课程、课外体育活动和《国家学生体质健康标准》达标的内容和评分标准实施。评分标准的设立体现了体育考试水平考试的性质，以只要学生认真上好体育课、积极参加体育锻炼就能取得较好成绩为基点，以促进青少年成长发育、提高学生体质健康水平为目的。

可以说，学生体育学业评价不会有传统的终结性评价的局限性。初中毕业生升学体育考试制度是与学校进行体育课程教学、课外体育活动和实施《国家学生体质健康标准》的有机结合，形成联动机制是初中毕业生升学体育考试改革的基本原则。学校体育工作的成功在极大程度上依赖经常性的形成性评价，它反映了学生学习目标的实现情况，并指导学生下一步的学习。所以，学生体育学业评价应坚持学校体育工作制度建设、过程管理和标准化测评有机结合，同时建立科学、客观的多元评价体系，也就是评价内容多元化，将体育课成绩、阳光体育成绩、体质测试达标成绩和升学体育统一测试成绩结合起来。正因如此，学生体育学业评价制度的实施具有重要意义。

学生体育学业评价制度对学校体育整体改革具有催化作用。我国学校体育的突出特点是育人，实现"健康第一""终身体育"的学校体育目标。社会都期待学校体育改革，但问题是谁来推动学校体育改革？体育学业评价在很大程度上就扮演了这样一个角色。学生体育学业评价以其自身的运行方式，极大地促进了学校体育工作的开展。升学体育统一测试会对学生体育课成绩、阳光体育

---

① 蒋建洲. 中小学生发展性教育评价模式的建构[J]. 湖南师范大学教育科学学报，2002，1（3）：118–121.

成绩和体质测试达标成绩产生积极的影响，也有助于改善学校的体育办学条件。

从以上分析我们可以看出，学生体育学业评价体现了"健康第一"的学校体育指导思想，评价内容涵盖了学生的体育课、阳光体育运动、体质测试和升学体育统一测试，说明其能够引导学校把学生的运动能力提高、身体素质发展、运动技能培养，以及运动习惯养成落到实处，有助于体育课程改革、课外体育活动实施和学生体质测试达标常态化发展，抑制应试体育教育的发生。

第二节 学生体育学业评价引发的对中国学校体育特色的思考

学生体育学业评价是学校体育确立的一种行为机制，能对学校体育的长期健康发展产生激活效应，促进体育课程改革、课外体育活动实施和学生体质测试达标常态化发展，也引发了学校体育工作者对中国学校体育特色的进一步思考。

一、学生体育学业评价符合中国学校体育发展的实际

多年来，我国学生体育学业评价制度的实施在转变人们的思想观念、提高学生的身体素质、促进体育课程改革、保障体育教学质量、推动学校体育工作的开展等方面都起到了很好的作用。如何对待青少年体质健康问题是教育制度实质的一种主要表现。我们应从教育制度上来看这个问题，体育教育在人的发展中的地位和价值归根结底取决于教育制度。

学生体育学业评价制度的实施提高了社会大众对体育的认识水平。各级教育行政部门、体育行政部门和各级各类学校要把体育学

业水平考试作为全面推进素质教育的重要突破口和主要工作方面。作为加强学校体育工作、提高全体学生体质健康水平的主要举措，这无疑具有重要意义，完全符合中国学校体育的实际。

二、学生体育学业评价是对"健康第一"指导思想的体现

"健康第一"是学校体育的指导思想，即把增强学生体质作为学校教育的基本目标之一。"健康第一"的指导思想对体育课程改革、课外体育活动实施和学生体质测试达标等都能产生强大的推动力，是当代中国社会共同的体育价值追求和理想。

《国务院办公厅转发教育部等部门关于进一步加强学校体育工作若干意见的通知》和《关于全面加强和改进新时代学校体育工作的意见》明确了落实加强学校体育的重点任务，这是学校体育工作开展的措施保证，也是我国学校体育 100 多年来发展的经验积累，更是多年来坚持"以人为本""健康第一"的结果。

三、学生体育学业评价是对提高青少年体质健康水平的坚持

如何对待青少年体质健康问题是教育制度实质的一种主要表现。2007 年以来，国家体育总局、教育部每两年组织一次对各地《国家学生体质健康标准》实施情况的检查，并公布检查结果。《国务院办公厅转发教育部等部门关于进一步加强学校体育工作若干意见的通知》指出，完善学生体质健康测试和评价制度，"各学校每年对所有学生进行体质健康测试，并将测试结果经教育部门审核后上报纳入国家学生体质健康标准数据管理系统；同时，要按学生年级、班级、性别等不同类别在学校内公布学生体质健康测试总体结果，并将有关情况向学生家长通报。各地要加强管理，创造条件，保证学生体质健康测试工作的顺利开展"。要将学生体质健康水平作为衡量学生

体育课程学习和学生综合素质的重要指标。

　　随着我国学生体育学业评价制度的不断完善，2016 年 9 月，《教育部关于进一步推进高中阶段学校考试招生制度改革的指导意见》提出了将体育科目纳入录取计分科目等多项改革措施。初中毕业生升学体育考试有助于提高学生对于体育的认识水平，激发学生对体育锻炼的兴趣，促进学生养成体育锻炼的习惯，并培养终身体育的意识①。2019 年 6 月印发的《中共中央　国务院关于深化教育教学改革全面提高义务教育质量的意见》指出，开齐开足体育课，将体育科目纳入高中阶段学校考试招生录取计分科目。这一要求的本质是把学生体质健康放在首要地位，这是关系国家和民族未来的大事。

　　体育学业评价制度和《国家学生体质健康标准》的实施在一定程度上直接影响着学生体质健康水平的提高。学生体育学业评价制度通过多种途径和方式提高学生的体质健康水平，能够进一步促进学生体质健康测试制度的实施。这表明学生体育学业评价制度和《国家学生体质健康标准》的出发点是一致的。

四、学生体育学业评价与我国体育课程改革相吻合

　　中国 100 多年学校体育发展的历史也是体育课程发展的历史，1903 年制定的《奏定学堂章程》将体操列为各级各类学校的必修科目②，体育首次被列为我国学校教育课程，开启了中国体育与教育结合的历程。体育研究可以追溯到五四运动时期。1917 年 4 月，毛泽东运用近代科学知识，对体育的各项基本问题进行了精辟的阐述，发表了《体育之研究》，强调了学校教育必须德、智、体三育并重，

---

　　① 田宏飞. 以中考体育为契机提高学生的体育素养[J]. 体育师友，2019，42（3）：47–48.

　　② 翟继勇. 体育文明的现状与发展探索[M]. 北京：光明日报出版社，2012.

提出"体育于吾人实占第一之位置"^①的观点。正是前辈们的不懈追求开启了体育进入学校教育的历程，构建了体育与教育结合的秩序。体育课程是学生以锻炼身体为主要手段，通过合理的体育教育和科学的体育锻炼过程，以增强体质、促进健康和提高体育素养为主要目标的公共必修课程。重视学生基础运动能力的发展，把促进学生掌握运动技能作为增强学生终身体育意识和能力的手段和载体，可以促进学生体能发展，增强学生体质。

在素质教育改革的进程中，体育课程教学也在不断改进，以适应时代的要求。体育课程教学的目标是有计划、有组织地通过"教会""勤练""常赛"的课内外体育活动，使学生形成积极主动的体育态度，在获得体育基础知识与基本运动技能的过程中学会学习，并形成正确的体育价值观，以实现身心全面发展。学生体育学业评价进一步强化了体育课程改革。重视学生平时的体育学习表现或行为，以及课外体育活动的参与情况，有助于鼓励学生积极参与体育学习活动，养成良好的体育学习习惯。

五、学生体育学业评价是实施阳光体育运动的强大动力

阳光体育运动深化了人们对体育课程的理解。体育课程根据课程性质分为学科性体育课程和活动性体育课程。学科性体育课程和活动性体育课程是学校体育中的两类体育课程，二者之间是一种相互补充而非相互取代的关系，具有内在的统一性。为实现体育课程目标，我国学校体育应使课堂教学与课外、校外体育活动有机结合，使学校与社会紧密联系；要把有目的、有计划、有组织的课外体育锻炼、校外（社会、野外）活动、运动训练等纳入体育课程，形成课内外、校内外有机联系的大课程结构。

① 陈建中，金邦秋. 智慧的曙光——毛泽东早期、建党和大革命时期著作研究[M].西安：陕西人民出版社，1990.

阳光体育运动在"健康第一"指导思想的引领下，以实现体育课程改革为保证。我们可以清楚地看到，学生体育学业是促进学生提高体质健康水平的强大力量，这种力量定会转化为实施阳光体育运动的强大动力。

　　综上所述，学生体育学业评价是为了提高青少年体质健康水平而确立的一种行为机制，在学校体育的长期发展中扮演着重要的角色。学生体育学业评价不会改变学校体育的核心功能，但存在目标、内容和方法上的激活效应，具有促进学生健康发展的功能。学生体育学业评价是学校体育课程教学改革、阳光体育运动和《国家学生体质健康标准》的有机结合，三者可以形成联动机制，体现"健康第一"的学校体育指导思想，完全符合中国学校体育的实际。学生体育学业评价是对《国家学生体质健康标准》的坚持实施，与体育课程改革相吻合，可以转化为实施阳光体育运动的强大动力。所以，学生体育学业评价是中国学校体育特色的体现。

参考文献

[1] 于可红，等. 体育与健康课程学习评价指标体系研究[M]. 杭州：浙江大学出版社，2013.

[2] 刘海元. 学校体育教程 [M]. 北京：北京体育大学出版社，2011.

[3] 周兵. 中国基础教育学科年鉴体育与健康卷（2009）[M]. 北京：北京师范大学出版社，2011.

[4] 叶宝生. 小学科学教育的理论和方法[M]. 北京：首都师范大学出版社，2012.

[5] 周兵，孟文砚. 课程标准与教学大纲对比分析：中小学体育（与健康）[M]. 长春：东北师范大学出版社，2005.

[6] 袁从领. 核心素养导向下的小学科学教育[M]. 长春：东北师范大学出版社，2017.

[7] 陈文卿，谢翔. 学校体育学[M]. 4 版. 桂林：广西师范大学出版社，2006.

[8] 赵琼，马健勋，叶晓阳. 当代体育教学管理研究[M]. 北京：中国纺织出版社，2017.

[9] 教育部体育卫生与艺术教育司. 学校体育工作重要法规文件选编[M]. 北京：人民教育出版社，2006.

[10] 杨贵仁. 中国学校体育改革的理论与实践[M]. 北京：高等教育出版社，2006.

[11] 冯德学，熊正英. 健康教育概论[M]. 西安：陕西师范大学出版

总社有限公司，2013.

[12] 张松奎. 体育教育学[M]. 徐州：中国矿业大学出版社，2013.

[13] 汪晓赞，季浏. 中小学体育新课程学习评价[M]. 上海：华东师范大学出版社，2007.

[14] 宋旭，谭华，李涛. 体育与健康课程标准与教材分析[M]. 5 版. 武汉：武汉大学出版社，2014.

[15] 中公教育教师资格考试研究院. 体育与健康学科知识与教学能力考前冲刺试卷. 高级中学 [M]. 北京：世界图书出版公司北京公司，2016.

[16] 杨成，王海飞，杨清元. 体育教育实习指导[M]. 北京：化学工业出版社，2014.

[17] 薛继升. 中小学体育教材教法[M]. 长春：吉林大学出版社，2011.

[18] 李福祥,李杰,林海. 体育课堂教学设计与技能训练指导[M]. 北京：九州出版社，2018.

[19] 范国睿. 教育政策辞典[M]. 上海：华东师范大学出版社，2017.

[20] 吴峰山. 体育教育学[M]. 太原：山西人民出版社，2008.

[21] 教育部体育卫生与艺术教育司. 学校体育卫生艺术和国防教育工作文件汇编：1991～2005[M]. 北京：高等教育出版社，2005.

[22] 何东昌. 中华人民共和国重要教育文献：1991～1997 [M]. 海口：海南出版社，1998.

[23] 张天成，张福兰. 中学体育教学设计[M]. 成都：西南交通大学出版社，2018.

[24] 邓跃宁.学校体育学导论[M]. 北京：中国农业出版社，2014.

[25] 赵静，马莹，马玉龙. 体育教学理论问题与实践应用[M]. 长春：吉林大学出版社，2013.

[26] 杨文轩，义务教育体育与健康课程标准修订组. 义务教育体育

与健康课程标准（2011 年版）解读[M]. 北京：高等教育出版社，2012.

[27] 梁占歌. 体育与健康课教学设计经典案例研究[M]. 合肥：安徽大学出版社，2016.

[28] 中华人民共和国教育部. 普通高中体育与健康课程标准：2017年版 2020 年修订[M]. 2 版. 北京：人民教育出版社，2020.

[29] 朱永新. 中国教育改革大系. 学科教学卷 [M]. 武汉：湖北教育出版社，2015.

[30] 樊临虎. 体育教学论[M]. 北京：人民体育出版社，2002.

[31] 苏成栋. 体育教学知识 [M]. 贵阳：贵州民族出版社，2013.

[32] 黄超文. 小学体育教学论[M]. 长沙：湖南科学技术出版社，2008.

[33] 朱晓春. 小学体育课程与教学论[M]. 长春：东北师范大学出版社，2006.

[34] 崔兰芹. 新课程标准教学实践：中小学体育与健康教案设计指导 [M]. 北京：人民体育出版社，2006.

[35] 人民教育出版社课程教材研究所体育课程教材研究开发中心. 体育与健康. 五至六年级：全一册[M]. 北京：人民教育出版社，2014.

[36] 周兵，孟文砚. 中学体育与健康教学评价[M]. 长春：东北师范大学出版社，2005.

[37] 王红良. 浅议体育中考分值分配比例、项目设置及评分标准[J]. 体育教学，2011，31（10）：58-59.

[38] 包文才，孙立军. 新《课标》下西部地区小学体育课程的学习评价[J]. 考试周刊，2014（18）：113-114.

[39] 王德慧，龚坚，杨玉茹，等. 体育课程评价研究现状及发展趋势[J]. 首都体育学院学报，2008，20（5）：70-73.

[40] 王慧琳，孙学智，闫伟. 体育中考与体育课、阳光体育运动、学生体质达标的相关性分析：以天津市为例[J]. 体育教学，2011，31（10）：55–57.

[41] 苏洋洋，周红娜，刁玉翠，等. 美英澳新韩加六国体育学科课程评价特征分析及启示：基于各国现行课程标准文本的分析[J]. 体育教学，2018，38（6）：59–62.

[42] 张健，潘绍伟. 建国后我国基础教育体育课程学习评价标准研究之分析[J]. 南京体育学院学报，2005，19（3）：44–48.

[43] 刁玉翠，李梦欣，党林秀，等. 澳大利亚健康与体育课程标准解读[J]. 体育学刊，2018，25（2）：85–90.

[44] 卢宝伟，苏小霞，孟庆敏，等.《花卉生产技术》课程"教、学、做"一体化教学模式探讨[J]. 黑龙江生态工程职业学院学报，2010，23（1）：115–116.

[45] 王慧琳，闫伟，杜全莉. 体育课与初中毕业生升学体育考试的关系：基于2011年天津市体育中考成绩分析[J]. 体育教学，2012，32（8）：48–50.

[46] 季浏.《普通高中体育与健康课程标准》"2017年版"对"实验版"的继承与发展[J]. 首都体育学院学报，2018，30（3）：196–203.

[47] 王慧琳. 从美国小学生的体育假期作业评价实践案例看评价理念[J]. 外国中小学教育，2008（11）：64–65.

[48] 刘海元，李小伟. 初中毕业升学体育考试：30年迎来可喜新局面[J]. 体育教学，2009，29（5）：6–8.

[49] 伊国锋，杨秋颖，华宏县，等. 美英澳新韩加体育课程内容特征分析及启示：基于六国现行体育课程标准文本的分析[J]. 体育教学，2018，38（4）：58–61.

[50] 李强，樊临虎. 中美两国体育课程目标的比较及对我国体育课

程改革的启示[J]. 体育研究与教育，2018，33（4）：51–55.

[51] 何璇. 小学数学核心素养要素与内涵研究：基于美英等五国数学课程目标比较[J]. 数学教育学报，2019，28（5）：84–91.

[52] 李碧慧，邱明巍. 中学体育假期作业的优化设计[J]. 新教育时代电子杂志（学生版），2018（1）：134–135.

[53] 季浏. 促进学生身心健康、体魄强健、全面发展：关于《课程标准（2017 年版）》课程性质和基本理念的解读[J].中国学校体育，2018（3）：6–9.

[54] 解长青. 试论职业学校体育课程评价体系的改革趋向[J]. 考试周刊，2011（60）：15–16.

[55] 刘丽群，林洁. 浅析美国基础教育课程评价的类型与特点[J]. 教育测量与评价，2008（3）：53–56.

[56] 王迪. 高中英语教学评价多元化探究[J]. 读与写（教育教学刊），2009，6（11）：57.

[57] 季晓艳，贾洪洲. 新时期我国体育课程研究回顾与展望[J]. 体育学刊，2015，22（1）：75–79.

[58] 杨长久. 回顾与展望：体育中考 20 年研究评述[J]. 浙江体育科学，2020，42（1）：55–62.